PROOF *of* LIFE *after* LIFE

7 Reasons to Believe There Is an Afterlife

當靈魂離開身體

踏上跨維度生命旅程，相信死後世界的7個見證

Raymond A. Moody M.D. & Paul Perry
雷蒙·A·穆迪博士 & 保羅 · 佩里——著　何佳芬——譯

高寶書版集團

獻給我摯愛的妻子雪柔，以及我們的孩子卡特、卡蘿、山繆爾和雷二世

——雷蒙．A．穆迪博士

獻給我的妻子達琳，和豐富了我們世界的子女和孫子們。

——保羅．佩里

目　次
Contents

推薦序

穆迪博士在一九七五年出版了改變世界的《死後的世界》（*Life After Life*）一書，為人類獻上極其珍貴的禮物。身為一位著迷於古希臘的哲學教授，他深受記錄人類死後意識的柏拉圖等傑出思想家的啟發。

在集結超過一百名患者分享的神奇瀕死經驗後，穆迪博士發表了他的研究成果，也為早期希臘哲學家所提出的死後世界提供了現代的神祕現實面。他瞭解到，這些經驗在本質上歸屬於瀕死者的主觀意識，而在這個理性世界裡，人們最終需要的是足以確認的可量化且客觀的證據。

雖然穆迪博士在後續幾年裡寫了好幾本與來世問題有直接關聯的書，但你手上的這本是他首次整合眾多證據，取得支持死後世界確實存在的客觀資料。

全世界各地有數百萬人知曉穆迪博士身為此領域之父的貢獻，他在一九七五年創造了「瀕死經驗」（near-death experiences，簡稱NDE）這個名詞，然而很少人知道他在二〇一〇年出版的《瞥見永恆：共歷死亡經驗的真實故事分享》（*Glimpses of Eternity*），這本書完全致力於死亡經驗的分享，其中包含許多與瀕死經驗相同的經歷，但卻發生在健康的旁觀者身上，這些旁觀者有的是在臨終者的病榻旁，有的則是與臨終者相隔一段距離。

穆迪博士在目前的這本書中，大大擴增了共同死亡經驗的概念範疇，並以不同的媒介方式，闡述意識超越大腦與身體的客觀證據，同時證實了我們的靈魂與愛的關懷力量，在肉體死亡之後依然存在。

這本書更納入關於死後研究的重要新領域，像是涉及身心靈的靈魂出竅與預知經驗的現代紀錄（包括穆迪博士及其家人、朋友的一些深刻親身經歷）。除此之外，穆迪博士在書中還討論到迴光返照的（矛盾）現象——那些被判定罹患不可逆的腦部損傷、不可能擁有清楚意識的人，卻出現認知、情感和溝通能力明顯短暫恢復的現象，況且這樣的例子還不少。

穆迪博士也探討了關於轉變之光的具體案例，以及瀕死經驗後續帶來無從解釋的療癒力與新能力。尤其引人入勝的，是他在分享靈視鏡（psychomanteum）時的細節，這是一種古希臘的鏡子凝視技巧，穆迪博士發現這個技巧對於開啟與已故親人溝通的大門非常有效。

從各方面而言，這本書提供了豐富的案例與全面性的分析，展現了穆迪博士畢生的專業成就，同時也實現了他在一九七五年的《死後的世界》一書中的承諾。這本書確確實實為生命的不滅提出了強而有力的證據！請享受閱讀吧！

伊本・亞歷山大（Eben Alexander），前哈佛精神科醫師，

《天堂的證明》（*Proof of Heaven*）、

《通往天堂的地圖》（暫譯，*The Map of Heaven*）及

《生活在正念宇宙中》（暫譯，*Living in a Mindful Universe*）作者

前言

證據

當時是一九八七年，我的文學經紀人奈特・索柏（Nat Sobel）邀我和雷蒙・穆迪博士共同合著一本書。這對我來說有個問題，儘管身為廣受歡迎的大眾健康刊物《美國健康》（*American Health*）雜誌的執行主編，但是我對誰是雷蒙・穆迪根本一無所知，更別提瀕死經驗。

我的經紀人聽我這麼說，感到十分震驚，「你沒有聽過《死後的世界》這本書嗎？」他說：「你難道都不看《歐普拉脫口秀》？」

我們倆當時正在吃午餐，由於我對穆迪博士以及他的研究領域完全無知，使得餐桌上的氣氛瞬間陷入沉默，讓我感到自己的……好吧，無知。

奈特即時改變了話題，我以為自己和穆迪博士合作出書的事情也跟著煙消雲散。

但事實並非如此，吃完漢堡的奈特從夾克口袋掏出一張紙條丟到桌子中間。

「這是穆迪的電話號碼，打個電話給他。」奈特說：「你需要瞭解這個人和這個議題，你將受益匪淺。」

我當天晚上就打電話給穆迪博士，發現他是一個既輕鬆又友善的人，不是我以為的那種個性食古不化的學者。他要我直接稱呼他雷蒙，甚至很興奮地發現我從來不知道他這個人，並且對瀕死經驗全然無知。他說：「我們可以從零開始。」

隔週，我搭飛機到喬治亞找他，穆迪博士來機場接我。他的住處在機場西邊約一個小時的車程，這讓我們有機會聊到各種話題：埋藏的黃金寶藏、犯罪行為（畢竟雷蒙是位精神科醫師）、政治，當然還有瀕死經驗。當我們抵達他家時，我已經同意共同撰寫我們的第一本書。

這本書的主題對我來說不但是未曾接觸過的，也著實令我著迷，而在寫《超越之光》（暫譯，*The Light Beyond*）的過程中，我瞭解到構成瀕死經驗的一些基本狀況——許多人在瀕死時脫離了肉體、經常看到已故的親人、以及大多數人會被籠罩在散發著仁慈與智慧的光亮之中。我簡直被迷住了，以至於當時就決定創建一個專門為雷蒙還有他在瀕死經驗的專業領域而立的智慧圖書館。

這個志業也已盡最大的可能完成。若加上《當靈魂離開身體》這本書，我們已經一起合作了六本書、完成兩部影片，並集結了好幾百位受訪者的錄音檔案。這些錄音檔非常地特別，結合了雷蒙位於阿拉巴馬鄉村家門前流經的小溪湍流聲，以及家中搖椅的搖動聲，讓他的即興演講更具催眠作用。我每一次聆聽這些錄音檔時，都會回想起採訪當天的情景，還有我在那裡所感受到的感激之情。

過程中最使我感到震驚的，是雷蒙自己在過程中對死後世界的信念所產生的深刻轉變。我們初次開始合作時，雷蒙避開了瀕死經驗正應證了死後世界的想法，他質疑的理由很明確，因為瀕死經驗是一種主觀的體驗，唯有經歷過的人才能感受。而為了證明意識在肉體死後仍然存在的大膽信念，就必須要有至少另外一個人也親眼目睹才算數。我指的不是看著某人死去，而是以某種方式客觀地參與實際死亡的過程。這種類型的見證稱為共歷死亡經驗（shared death experience，SDE），如你將在這本書中所見，是**活著的人參與了一個人的死亡過程**。

共歷死亡經驗有一些不同的形式——看到一團薄霧飄離一個瀕死之人的身體是一種，與瀕死之人進行遠距離的心靈溝通是另一種，還有其他等等。

雷蒙和我大概從二〇〇五年開始認真研究起共歷死亡經驗，但我們從十年前就已經注意到這這些經歷，也閱讀了數百年前發生過的事件，並聆聽了現代發生的事。我們甚至在第一本書裡提到過，而這本書裡也對共歷死亡經驗有非常詳盡的描述。然後某一天，坐在搖椅上的我們突然意識到——共歷死亡經驗正是死後生命的「證據」。這個突如其來的恍然大悟，讓我們的探究轉向收集和瞭解共歷死亡經驗，並針對不同形式進行分類。

我們認為書中所蒐錄的訊息，證明了身體死亡之後意識仍然存在。甚至更進一步來說，雷蒙覺得從共歷死亡經驗提供的大量客觀證據來看，根本無需再去證明是否有死後世界的存在，相反地，不相信的人才應該證明死後的世界只是子虛烏有。

「人們對死後世界懷有期待，是完全理性的行為。」雷蒙說道：「這些證據讓我無法別作他想，我試著這麼做，但做不到。所以我說，是的，相信死後世界是理性的。」

接下來的篇章就是這個理性證據的主要內容。

——保羅・佩里

前言

超乎瀕死經驗

沒有人知道死亡是否真的是一個人所能擁有的最大祝福，
但他們卻擔心那是最大的詛咒，好像他們很清楚一樣。
——柏拉圖

很難想像瀕死經驗本身無法成為證明死後生命的確鑿證據。

我一點也不懷疑瀕死經驗的真實性，畢竟這是我在一九七五年所命名並定義的。[1]我個人相信瀕死經驗是死後生命的部分證據。我聆聽許多人敘說自己離開了身體，看到了摯愛的親人，還目睹了一道明亮的光；這些足以讓我逐漸贊同威廉・詹姆斯（William James）的觀點。這位十九世紀的心理學家與哲學家，在他親身經歷瀕死經驗後說道：「他看見了，卻無法確定這道籠罩著自己的光是什麼，透過這道光他看見了充滿驚奇的物體。倘若我們無法解釋這道物理光線，又如何能解釋本身就象徵真理的光呢？……主啊！祢會希望我用貧乏又無法充分表達的文字來解釋唯有心靈才能理解的事嗎？」[2]

當我完成《死後的世界》這本最初的瀕死經驗研究後，我意識到這本書依然無法回答許多讀者的問題，柏拉圖認為那是世界上最重要的問題：「**我們死後會發生什麼事？**」

瀕死經驗本身是一個主觀事件，除了親身經歷的人之外，其他人無法予以佐證或感同身受。儘管瀕死經驗的故事可能被許多人認為是死後生命的證據，然而礙於這種經驗的主觀性，使其無法在法庭上成為證實死後生命的確鑿證據。換句話說，除非有過這樣的經歷，否則很難相信瀕死經驗及其所預示的死後世界。

瀕死經驗的侷限之境

我相信瀕死經驗是死後生命的真實證據，然而我也知道那都是主觀事件，缺乏客觀的證明，使得我和其他信徒只能以主觀的心境而非客觀的理性為其發聲。

我在早期研究中，試著以客觀的角度解釋我所擁有的資料——當時的我正在分析一種有趣的醫學現象，並認為自己肩負著科學責任來為其命名與定義。在與眾多熱心的經歷者對話之後，我的主觀心境感到死後生命的存在，但我的客觀理性仍然無法信服，因為我缺乏實際證據來驗證自己在研究所學到的確實屬實。更何況我不喜歡告訴別人該相信什麼，特別是如此重要的議題。因此，我保留了自己的觀點，讓讀者根據我提供的「證據」做出他們自己的決定。

在檢視了所有集結的案例之後，我在一九七五年的夏天歸納出十四個共同特徵，概括了我所定義的瀕死經驗。

• 不可言喻

這些經驗無法用字句來表達，因為在我們的言語中，沒有用來表示臨終意識的詞彙。事實上，許多經歷過瀕死經驗的人會說：「我實在找不到任何話語來表達我想說的。」這顯然是個問題，因為如果沒辦法描述發生的事，就無法透過敘述與聆聽，瞭解他們的瀕死經驗。

• 聽見死亡宣告

許多人參與研究的人告訴我，他們聽見醫生或其他人宣告他們的死亡。

• 感到平靜與安詳

許多人描述他們在經歷中感到愉悅，即使在被宣布死亡之後。一位頭部嚴重受傷且失去生命跡象的男士表示，當他飄浮在黑暗之中時，所有的疼痛都消失了，然後他意識到「我一定死了」。

• 噪音

很多人提到不尋常的聽覺感受，例如音量超大的嗡嗡聲或響亮的鈴聲。有些人覺得這個噪音聽起來很愉悅，有些人則覺得非常煩人。

• 黑暗隧道

有人提到感覺自己被快速拉進一個黑暗空間，多數人形容像是一個隧道。一名因為燒燙傷和墜落受傷瀕死的男士，說他逃入了一個「黑暗空間」，並在裡面飄浮和翻滾。

• 靈魂出竅

這些經驗通常發生在進入隧道之後，大多數人有一種脫離自己的身體，然後從體外看著自己的感覺。有些人形容像是「房間裡的第三個人」，或像「在舞台上」。他們對於自己靈魂出竅的經歷描述得極為詳盡，許多人鉅細靡遺地敘述醫療程序和活動，甚至連之後接受採訪的主治醫師也無從懷疑，應該處於昏迷狀態的患者確實在瀕死經驗期間實際目睹了發生的事。

•看到附近其他的「靈體」

靈魂出竅的經驗經常伴隨著與其他「靈體」的相見，這些靈體在那裡幫助他們度過進入死亡前的過渡期，或告訴他們死亡的時刻還未到。

•光的存在

我發現其中最難以置信的共同元素，也是對個人影響最大的，就是非常明亮的光，而且最常被描述為「光的存在」。在一次又一次的敘述中，都說一開始出現微弱的光亮，然後很快地愈來愈亮，直到超乎想像的亮度。那些受過宗教洗禮的人經常將其指稱為「耶穌」、「上帝」或「天使」，這個光會和個體溝通（有時候以他們從來沒聽過的語言），經常詢問他們是否「做好死亡的準備」，或者他們有什麼成就。不過這個光並非以批判的方式詢問，而是提出蘇格拉底式的問題，旨在引導出能夠幫助人們循著真理之路與自我實現前進的訊息。

•回顧

光的存在所提出的探尋問題，往往引發個體對人生的回顧，當你的一生全然在眼前不斷展開時，一定會產生驚人的力道。這個回顧的速度非常快，不但會按照時間順序排列，且極為生動與寫實，有時候還被描述具有「3D全像」或是「高度情緒張力」，甚至是多面向的，因為在回顧中你能夠瞭解每個人的想法。

•邊界或限制

在一些案例中，有人描述接近某個跨過之後就回不來的「邊界」或「限制」。這個邊界被描述為水、灰霧、門、田野上的柵欄，甚至是一條線或想像的線。在其中一個情況下，這個人被光護送到一條線旁，然後問他是否想死。當他回答自己對死亡一無所知，這道光對他說：「跨過這條線，你就知道了。」當他照做之後，體驗到「最美妙的感覺」，充滿平靜與祥和，所有的煩惱都煙消雲散。

•死而復生

我採訪過的人顯然都回到了現實人生，有些人抗拒回歸，希望留在死後生命的狀態；有些人說他們從隧道中回到自己的身體內，不過當時那種愉悅的心情和正面的感覺，持續了一段很長的時間。許多人產生了正面的轉變，經歷瀕死經驗之前的個性都消失了，過去的自己幾乎無跡可尋。

• 三緘其口

與我交談的人都很正常，舉止行為也是，而且個性穩重。但是因為害怕被貼上妄想或精神病患的標籤，這些人通常選擇沉默，或者只告訴和自己關係親密的人。由於缺乏共同的語言來表達他們的經歷，他們選擇三緘其口，這樣就不會有人認為他們因為和死亡擦肩而過，導致精神狀態出了問題。直到聽聞了我正在進行的研究後，許多人才能夠安心把自己的經歷告訴其他人。這些長期沉默的瀕死親歷者經常向我表達感謝之意，他們會說：「謝謝你做的研究，現在我知道自己沒有瘋。」

• 對生活的正面影響

即使大多數人都希望讓自己的經歷成為祕密，但這些經歷對他們的生活產生深刻且明顯的影響。許多人告訴我，這些經歷擴大了他們的生活層面，更珍惜生活的點點滴滴，也對人生有更多的反思，對周圍的人也更加溫和。他們所經歷的，為他們的人生帶來新的目標、新的道德規範以及遵循的決心。

• 對死亡的新觀點

他們都提到對死亡有了新的看法。他們不再害怕死亡，不過許多人感覺到自己在離開肉身之前，還有很多個人成長的空間。他們也開始相信死後的世界沒有所謂的「獎賞或懲罰」，相反地，光的存在讓他們看清自己的「罪行」，同時也讓他們明白——生命是一個學習的歷程，而非作為日後審判的依據。

這些共同特質的歸納，是我在研究中最重要的一環，現在想想，或許是我一生中所做過最重要的事。從人類的歷史上來看，瀕死經驗的每個要素在此之前都曾經留下紀錄，但是沒有人真正研究過這些經歷。所有的資料就在眼前，然而沒有人將他們整合在一起並公諸於世。

我在《死後的世界》一書中，集結了大量關於死亡的醫學與哲學研究及資料，為那些經歷過這些經驗而感到困惑的人，打開了一扇大門，他們現在能夠知道自己並不孤單，也希望因此為他們帶來寬慰。

不過，許多閱讀過《死後的世界》的讀者有更進一步的想法，他們相信我已經破解了證明死後生命的密碼。但事實絕非如此，儘管這些共同特質令人感到驚奇，當中還是有所欠缺，那就是——客觀性。

一個能夠理解的結論

我能夠理解人們為何會將瀕死經驗與死後的世界混為一談，因為我提出的這些共同特質，幾乎包含了所有宗教談論到來世時的許多元素。這中間也引發許多關於瀕死經驗本身的棘手問題，亦即它們的主觀性，以及這樣的主觀性除了證明一個垂死之人的想望之外，到底還能如何證明其他的部分？我意識到若想將瀕死經驗與死後的生命畫上連結線，就需要更進一步的研究，然而我還不確定這是否就是我想前往的方向。

部分原因是因為我很少讓自己只是進行推測。從最初始對瀕死經驗的研究直到現在，我一直明確表示瀕死經驗是主觀的，除了瀕死親歷者自身的觀察之外，並沒有科學的證據，所以我認為讓大眾自己下結論才不失公允。況且就讓我們面對現實吧！當你宣告有一個人在臨床上被判定死亡，但卻靈魂出竅，看到死去的親人，遇到一道慈愛的光，聽起來真的會讓人不知道該怎麼想。

共歷死亡經驗的線索

長久以來一直有謠言傳說我因為寫了一本「奇怪」的書，所以被喬治亞醫學院的教授們排斥。那從來不是事實，他們反而非常支持我的研究，也對這個議題深感興趣，每個星期總會有兩到三位醫師來問我，能不能讓他們聽聽那些公開自己死亡經驗的採訪錄音帶。這些好奇的醫師們總是在這些故事中，聽到也發生在他們的病人或甚至自己身上的經歷，大多數都符合我在書上所描述的模式。

我也從同事那裡瞭解到，那些病人所說的經歷中，有一些並不符合瀕死經驗的標準定義。事實上，他們的故事我一點也不熟悉；雖然和瀕死經驗類似，但不是發生在病人或臨終者身上，而是發生在臨終者身旁的人。例如其中一些提到已故親人出現在病榻旁，幫助垂死的家人抵達人生的終站；還有一些人在親人去世時，聽到悠揚飄渺的樂聲。當這些現象發生時，病榻旁很少只有一位旁觀者，房間內至少有兩個人，有時候甚至整個家庭都目睹了同樣的超自然體驗。

平行體驗

我從病患那裡聽到與死亡相關的故事，包括了看似與瀕死經驗有關的客觀元素，但卻又不隸屬於瀕死經驗，它們其實是另一個不同的類別，在這個類別中，一個人經由某種方式得到瀕死的體驗。

這些共同事件不一定都發生在臨終病榻旁。有些發生在離臨終者很遠的地方，甚至在地球的另一端。其中很多都是以精準的夢境或影像顯現的方式，預示所愛之人的死訊。

我在進行歷史醫療研究時，也發現許多這樣的例子。像是英國的心靈研究學會（Society for Psychical Research）創始人的十九世紀研究檔案中，就有大量的這類經歷資料。心靈研究學會出版了《生者的幻象》（暫譯，*Phantasms of the Living*）的兩卷著作，這是由研究先驅艾德蒙．格尼（Edmund Gurney）、佛雷德里克．邁爾斯（Frederic W. H. Myers）與法蘭克．帕摩爾（Frank Podmore）共同編纂，內含七百多個超自然現象的相關案例，其中包括許多我之後稱之為共歷死亡經驗的臨終幻象和其他形式的現象。雖然這三位先驅都未曾接受過正式的研究訓練，但他們在資料蒐集與事實查核的技巧上簡直無可挑剔，他們三人對於每一個案例，都竭盡所能地與不只一個人接觸或交談。

另外一本書《臨終影像：臨終者的心靈體驗》（暫譯，*Death-Bed Visions: The*

Psychical Experiences of the Dying），囊括了都柏林皇家科學學院物理學教授威廉·巴瑞特（William Barrett）的研究。雖然這本書在巴瑞特爵士逝世之後的一九二六年才出版，但它無疑是臨終者心理的首次科學研究，其中除了包含許多重要資訊之外，巴瑞特爵士的結論認為臨終患者通常思緒清晰且理性，而他們周遭發生的事往往帶有靈性與超自然現象。

死亡經歷的新範疇

許多早期研究者所蒐集的經歷都有類似的模式，且都由長時間照護臨終者的親人所敘述。我因此意識到這些共感經歷應該有一個專屬的類別，因為它們是可以與生者分享的主觀死亡經歷。

當時的我並未刻意去尋找這些共歷死亡經驗的故事，因為我依然在收集更多的瀕死經歷案例，不過我把這些故事留存在記錄未來研究的筆記本中，並在最終定義並稱之為「共歷死亡經驗」，因為這個定義名稱非常廣泛，足以涵蓋所有的範圍——由一個活著且健康之人所分享的臨終者死亡經歷。

我的共歷死亡經驗

現在，我要揭露一個屬於我個人的案例。長期追蹤我的讀者可能已經聽過這個故事，但因為該次的共歷死亡經驗讓我對來世研究有了全新的認知，所以值得在此重述。

在開始思考共歷死亡經驗的十九年後，我自己也有了一次經歷。應該說，我家族中的所有成年人都經歷了一次。

我的母親在七十四歲時被診斷出患有非何杰金氏淋巴瘤（non-Hodgkin's lymphoma）。當她確診時，這種白血球細胞的癌病變已經到了非常嚴重的階段，醫生說即使化療也不會有太大的效果，她的生命只剩下不到兩週。

母親一直是我們的家庭支柱，而現在我們需要成為她的支柱。我們全家聚集在她居住的喬治亞州梅肯市，陪伴她度過最後的歲月。我們六個人（兄弟姊妹和姻親）都盡力讓她感到舒適與愛。我們僅僅在家裡照顧了她幾天，就因為病情持續惡化不得不住進醫院，我們也都在醫院裡，確保她不會孤單。

在母親在世的最後一天，我們再次聚集在她的房裡，我和妻子雪柔、我當警察的弟弟和弟媳，還有我的姊姊和當牧師的姊夫。母親在過去兩天一直處於昏迷狀態，但現在清醒了，她試著透過氧氣面罩和我們說話。

「請再說一次。」我的姊姊凱伊對母親說。

母親拍著臉上的氧氣面罩，用微弱的聲音說：「我非常愛你們。」

母親突然清醒的片刻給了我們希望，以為她應該還能撐一兩天。但在她表達對我們的愛之後的幾分鐘，母親又變得非常衰弱，可以明顯看出她只剩下幾分鐘了。

我們手牽著手圍繞在母親的病床旁，等待她的辭世。這時候，房間內突然改變了形狀——我們每一個人都這麼覺得。對我來說，房間變成了沙漏型。我們六個人當中有四個人覺得自己好像搭乘一座玻璃電梯般從地面升起，我感覺自己被一股強大的力量往上拉，其他五個人當中也有兩個人有相同的感覺。

「你們看！」我的姊姊指著床尾說：「爸爸在這裡，他回來接她了！」

我們有好幾個人都看見他了。我說「看見」的意思，是指我們看到的他就像是活生生站在我們面前的人一樣。

我們每個人也都認為當時房間裡的光線變得柔和，畫面像柔焦一樣模模糊糊，彷彿夜晚光線照在游泳池中的不透明感。

這些神祕現象並不可怕，反而像是來自另一個世界的訊息交流，將悲傷帶離了房間，取而代之的是純粹的喜悅。身為基督教衛理宗牧師的姊夫，說出了我們所有人的感受，他說：「我覺得自己好像脫離了肉身，和她一起進入了另一個世界，這是我從來沒有過的經驗。」

母親離世後，我們在接下來的那幾天一起處理親人死亡後的後續事宜，同時也在那段時間裡交換了個人的感受和見解，結論是，大家都覺得母親離世那一天原本是我們生命中最悲傷的日子之一，然而實際上卻成了我們最喜樂的日子之一。我們都認為自己在父親的探望下，跟著母親一起拜訪了至少一部分的天堂，也分享了她在死亡過程中的一些經歷。這是我們唯一能夠得出的結論。[3]

死後世界的證明

除了我個人的共歷死亡經驗故事之外，我也曾有過兩次瀕死經歷。從本身的研究和個人經驗，讓我瞭解到自己所相信的，因此我不再害怕死亡。但是我的信念並不足以讓其他人信服，這引領了我思考該如何提出讓大家相信死後生命的證據。

身為一位哲學教授，我教過許多探討死後意識存在與否的相關大學課程，課程內容不是聚焦在支持死後生命可能性的論點，而是始終集中在偉大思想家發現和闡述論點的難度和阻礙。

在這項重要的探討中，若只是一味找出支持或贊同死後生命存續的理由，其實是沒有意義的。英國著名文學家C. S. 路易斯曾說：「尋找真理，你最終或許可以找到安慰；若是尋找安慰，你既得不到安慰，也得不到真理——只會在開始時得到討好與不切實際的想法，和最終徹底的失望。」[4]

因此，基於對人類認知上的誠實以對與單純的仁慈，使我們必須提出精確具體的證明，來證實死後生命的延續存在。然而到底什麼是「證據」？證據是一種引領所有人因此獲得相同邏輯結論的理性方式，不過這個詞已經被賦予許多不同的涵義，所以我們需要更具體一點。

遺憾的是，「證據」是一個經常出現在八卦標題上的顯眼字詞，帶著煽情色彩或聳動的意味。我們顯然會避開以煽情或是不宜的方式來運用這個詞，因為死後生命的議題，將會影響脆弱的人心，因此我們需要謹慎描述死後生命的可能證據。

那麼，我該如何在證明死後生命的存在之下，同時斟酌字詞的運用，並關照受眾的情緒與信仰呢？就如同我在探究瀕死經驗時所做的一樣——藉由敘述真實發生的故事，佐以其他研究者的經驗和調查，並將其分類為明確的推論，而每一個推論都將會增添結論的真實性與可信度。

用故事串連成的故事

從我開啟研究死後生命的旅程、瞭解到共歷死亡經驗可能是證明死後生命存在所缺少的客觀性環節，以及我從世界各地收集到愈來愈多共歷死亡經驗的故事，再加上我自己的個人經歷——所有的這一切經歷，都促使我致力於證明死後生命存在的目標。

因此，《當靈魂離開身體》這本書呈現了死亡研究的新領域，聚焦於意識的本質，並探究意識在死亡時是否真的會與身體分離。意識是從神經元物質（大腦）中產生的嗎？意識是否能夠獨立存在於大腦物質之外？特別是在高度壓力，如死亡的時刻。若是如此，獨立存在於大腦之外的意識，是否等同於靈魂？而這個靈魂是否會前往一個新的存在空間？

這些問題或許可以透過蒐集更客觀的資訊來回答，這也是研究共歷死亡經驗的目標。你會在這本書中找到各種的故事，它們共同串聯成《當靈魂離開身體》這個更大的故事。其中一些故事來自於我的其他書籍——我認為這些是我「最經典的作品」，還有些則是擷自十八世紀至今出版過的其他研究死後生命的書籍。

收錄如此廣泛與多年研究的原因之一，是因為過去兩百多年前的一份報告，包含了與現代紀錄相同的元素，這顯示了這些故事即使在當時也因其獨特性而值得注意。現在，為了向這些故事的主人以及幾世紀以來蒐集這些故事的研究者致敬，它們將用來支持我的研究成果，成為意識在身體死亡後仍然存在的證明。

共歷死亡經驗

生活只有兩種方式，一種認為凡事沒有奇蹟，
另一種則是認為所有的事情都是奇蹟。
——愛因斯坦

隨著母親的離世，我明白了共歷死亡經驗的感覺。我也知道了這個經歷是真實的，因為還有其他五位確認的旁觀者跟我一樣經歷了同樣的事。

這次的經驗讓我有種被提升至更高層次的奇妙感，就像正走在一條我一直都知道它存在，但從未親眼看過的大道上。這讓我想起一位瀕死親歷者在敘述他的經歷時曾對我說的話，他說：「沒有人真的相信這些事，直到他們親身經歷過，然後他們成為真正的信徒，無法談論任何其他的事。」

這正是我的情況。與母親共享的死亡經歷，讓我對自己一直以來在死亡經驗的研究與假設有更足以令人信服的證明。既然現在我已經提出了一個包含客觀證據的案例，照理說我應該可以心滿意足地放下死亡研究的領域，更何況我自己也在共歷死亡經驗中見證了一個活生生的靈魂。還有什麼可以研究的呢？

事實上，還有很多。

我想聆聽更多親身經歷者的故事，因此，我開始利用徵集這些故事的每一個機會，我的講座內容也隨之改變，現在加入了向觀眾提出關於共歷死亡經驗的問題。為此，我在敘述母親離世的故事之後，接著說明我對共歷死亡經驗的定義：「共歷死亡經驗包括了用來定義瀕死經歷的一些相同元素，不同的是，經歷共歷死亡經驗的人本身並未接近死亡，他們也沒有生病或受傷，而是在一個瀕臨死亡的人身邊。在他們目睹另一個人的臨終過程時，也與這個人的死亡產生緊密地連結，因此我將這些經歷稱為共感體驗。」

我會接著詢問觀眾中有多少人曾有過這樣的經歷，通常每十五人中就有一人會舉起手。而在我敘述了母親的故事，讓觀眾對這樣的經歷有更深入的理解之後，我再次詢問有多少人有過這樣的經歷，幾乎每十五位就有三位舉起了手。如此明顯的變化讓我非常驚訝，因為這幾乎和被問及是否有過瀕死經歷時舉手的人數相同。

我對進行未開發領域研究的想法感到興奮，這就像我早期對瀕死經驗的研究情況一樣，當時幾乎沒有現代醫學研究共歷死亡經驗，它們通常被當作瀕死經驗的連帶話題，因此基本上共歷死亡經驗在當時只是偶爾被拿來討論，既沒有正式名稱，也很少被深入探討。少數提及的研究學者似乎都瞭解到自己正握有寶藏，因為共歷死亡經驗可能是靈魂脫離身體的客觀證據，同時也是心靈感應和共享記憶的證明，一次的經歷就能夠證實這一切。

身為哲學研究者，我發現這個新研究領域將我帶回到古希臘。來世是希臘哲學家們非常感興趣的議題，蘇格拉底將來世的研究稱之為「靈魂的關懷」[1]，可見這是身而為人可以做到的最重要事情之一。

來世的研究是如地重要，據說蘇格拉底在臨終前對他的朋友西米亞斯說：

雖然在此生中想確認這些問題並非不可能，但絕對非常困難，然而如果不盡一切努力去檢驗現有的理論，或者在尚未全面探究這些理論之前就放棄並耗盡我們的資源，那會是多麼可惜的一件事。我們的責任是做到以下這兩件事的其中一件——

透過尋求指引或個人的發現來確認事實，若是不可能，那就選擇人類智力所能提供的最好和最可靠理論。[2]

來自柏拉圖的引領

我在研究共歷死亡經驗所採取的方式與柏拉圖相同，他深信研究個人經歷是探索死後生命的關鍵，如果沒有這些經歷，那就幾乎沒有什麼可以指引我們前行。

柏拉圖對探索死後的世界非常重視。在其哲學著作《斐多篇》（*Phaedo*）中，蘇格拉底將死亡定義為「靈魂與身體的分離」，並在病榻前為自己的臨終感到無比興奮，這時的他剛剛被人毒害。[3]

柏拉圖透過觀察得出，故事的研究才是探索來世證據的唯一實際方式。也正是由於他對個案研究的持續不懈，才能夠總結出對死亡的哲學觀。柏拉圖認為：「死亡是一種完全無意識的虛無狀態，或者如同人們所說，是靈魂從這個世界轉移到另一個世界的變化與遷移……如果死亡真是如此，那麼我便將死亡當成是一種收穫；因為來世的永恆也不過是一夜的沉睡。」[4]

我對柏拉圖的過人見解極為認同，至少在個案研究的價值方面，因為我也是藉由個案的檢視來進行研究，若是缺少了這些，就幾乎沒有其他能讓研究繼續下去的引導資料。

唯有透過蒐集和檢視不同類型的共歷死亡經驗相關個案，我才得以確認死後生命確實存在的幾個客觀理由。

超越瀕死經驗

現代的死後生命研究似乎都從瀕死經驗開啟，同時也在此結束。我認為也許研究應該從瀕死經驗開始，但不該停在此處。雖然瀕死經驗是一種包含了所有深奧神祕經歷元素的深刻體驗（許多人認為死亡即是如此），但瀕死經驗也是一種主觀的經歷，只發生在一個人身上，除了親身經歷過的人之外，任何其他人都無法體會。

瀕死經驗的主觀特性，使其只能成為間接證據，無法提出排除合理懷疑的證明——這就是我們想要找到的。

然而，共歷死亡經驗確實能提供超越合理懷疑的證據，證明靈魂能夠在身體死亡後繼續存在。根據定義，共歷死亡經驗是指一人或多人與將死之人共同經歷從生到死的過渡經驗。

舉例來說，在臨終者病榻前的幾個人之中，可能會有一個人看到亡靈出現在臨終者身邊。他們當下可能不知道這個亡靈是誰，但後來從家族的舊照片裡發現這個靈魂是一位已故多年的親戚。其他人可能會看到臨終親人的身體有一縷「霧氣」飄出，正如作家露易莎．梅．奧爾科特（Louisa May Alcott）在她的私人日記中，關於妹妹伊麗莎白死亡時所寫的紀錄。她是這麼描述的：

> 發生了一件奇怪的事情，我會在這裡說出來，因為G博士（波士頓大學的克里斯汀．蓋斯特博士）認為這是真實發生的事。
>
> 就在妹妹嚥下最後一口氣後的幾分鐘，母親和我靜靜地坐著，看著陰影映照在她的臉龐。這時，我看到一縷薄霧從妹妹的身體冉冉往上飄向空中，然後消失。母親的目光跟隨著我看的方向，當我問她：「你看到了什麼嗎？」她也說出了我看到的薄霧。G博士說，那是生命離去的見證。[5]

其他版本的共歷死亡經驗還包括預知感應，有時也被稱為危機的顯現，在這些情況下，健康的人會經歷意外死亡親人的靈魂顯現，這個靈魂通常出現在一段距離之外，而且可能以夢境或超現實的形式出現，讓人覺得去世的親人好像真的和自己站在同一個房間裡。

共歷死亡經驗的類型

為了獲取更客觀具體的證據，本書想要討論的主要是不同類型的共歷死亡經驗，包括對經歷的描述，以及證明身體死後意識依然存在的案例研究。更具體來說，書中所概述的七種經歷，為死後生命的存在建立了強大的證據。這些經歷包含以下的所有或部分元素：

- 意識與肉體的分離
- 從明顯的死亡中復生
- 心靈感應（通靈）
- 因瀕死獲得的顯著知識增長

最重要的是，每一個元素都必須要有可信的證人，如此才能確保其客觀性與足夠的實證性。我們的目標是當法院需要處理有關死後生命的問題時，能提出站得住腳的客觀證據。

以下是我認為能夠證明來世確實存在的七種共歷死亡經驗類型，這些是相信生命在死亡後仍然存在的七個理由與見證。若是根據每個人的信仰，當然還會有更多相信來世的理由，我所選擇的只是我個人認為最能夠提供確鑿證據的見證。

見證一：靈魂出竅

歷經瀕死經驗的人當中，許多都有過靈魂出竅的經歷，他們在生與死的邊緣徘徊時，都能看到自己的肉體和周遭發生的事。很多人在這類靈魂出竅的現象中，發現自己飄浮在身體的上方，並且目睹身邊的事，像是醫護人員極力想要讓心臟再次跳動、想要止住嚴重的出血或阻止其他潛在的致命情況等等。而當經歷靈魂出竅者恢復意識時，都能夠詳細描述醫生和護理師拚命拯救自己時所看到和聽到的情形。

靈魂出竅經驗令人感到驚奇且嘆為觀止，特別是當瀕死親歷者能夠詳盡敘述自己在無意識狀態下應該一無所知的事。如果他們的描述可以讓那些能夠證實的人滿意，這種客觀的回憶便是意識研究的黃金標準。

接下來是一個激勵人心的靈魂出竅案例，敘述者是一名在划船事故中差點溺水的女性。這個案例來自瀕死經歷研究基金會（Near Death Experience Research Foundation）的檔案資料庫，該基金會由傑佛瑞．朗（Jeffrey Long）醫師和他的妻子裘蒂所經營，專門蒐集並研究來自世界各地的瀕死經驗案例。

轉眼間，我發現自己飄浮在河面上兩公尺的地方，俯瞰著下方卡在岩石上的橡皮艇。我看到橡皮艇裡的兩個人在找我，看我會不會從水下冒出來，還看到另一個搭同一艘橡皮艇的女人在下游處緊緊抱住一塊岩石。我看著平安順著急流而下的丈夫和我正值青少年的妹妹，正急忙跑回來查看為什麼河面上有那麼多殘骸碎片漂下來。在此之前，為了防止他們的船翻覆，我們把所有東西都放進了我們的船上，看到他們一點事也沒有，我們也就跳上船跟著他們下去了。

我從上方看到丈夫爬上河裡的一塊大石頭，因為水聲太大了，所以他聽不見仍在橡皮艇裡的兩個人對他大喊的聲音。他不知道我在哪裡或發生了什麼事，只知道我不見了。他看起來好像想跳進水裡找我，然後我突然發現自己就在他的身邊，試著想要阻止他，因為他的游泳技術不太好，所以我知道這麼做沒有什麼意義。當我伸出手去阻止他時，我的手直接穿過了他的身體。我看著我的手，心想……喔，我的天哪，我死了！[6]

許多研究學者認為，瀕死時的靈魂出竅是靈魂能夠離開身體的證據。有些研究者甚至大膽宣稱，真實的靈魂出竅正是上帝存在的證明。這或許是真的，也可能不是真。但可以肯定的是，靈魂出竅現象至今仍超出研究者的智力以及科學能力的範疇。不過還是有很多來自死後生命研究領域的人正在嘗試研究，在下一章中也會提到更多這方面的內容。

見證二：預知感應

預知感應，也被稱為危難的顯現，是當健康的人在親人陷入嚴重危難或即將死亡時所經歷的幻象。這種視覺上的影像通常感覺非常真實，彷彿陷於危難中的那個人真的就站在同一個房間裡一樣。這種經歷也可能是聽覺上的，亦即感應者能和瀕死者交談。

這裡重述的案例，和一位我稱為貝絲的女性以及她的丈夫鮑伯有關。鮑伯罹患早發性失智症已經好幾年了，當共歷死亡經驗發生時，他的情況並不好。

奇怪的是，這個共歷死亡經驗與鮑伯無關，卻與他的母親有關，鮑伯的母親那時在當地醫院中，正面臨病危的狀況。貝絲與婆婆非常親近，所以她每天的時間都花在照顧兩位親人，她的生活當然也承受了極大的心理壓力。

當貝絲的婆婆病危時，她雇用了一名護理人員來照顧丈夫，而她大部分時間則在醫院裡陪伴婆婆。貝絲在某天晚上發現自己處於病房中突然出現的一個隧道裡，隧道的一端站著模樣年輕很多的婆婆，她似乎在喊貝絲過去，並用清晰有力的聲音說：「過來吧，這個地方很棒。」貝絲拒絕了婆婆的邀請，揮揮手告訴婆婆自己必須留下來照顧生病的丈夫。

突然間，貝絲意識到婆婆招呼的對象並不是她，而是站在她身後的鮑伯，他也在隧道裡。

鮑伯看起來也比較年輕和健康。他看著健康的母親，顯然很開心。

不久，隧道消失了，貝絲的婆婆也隨即離世。貝絲發現自己獨自站在房間裡，對剛才發生的景象感到疑惑。

不到一個月之後，鮑伯就因為呼吸道感染去世了。

對貝絲來說，相繼發生的這幾件事既令她困惑卻又同時感到撫慰。她覺得那是婆婆知道鮑伯的生命即將接近尾聲，所以來迎接他進入「新生活」。貝絲對我說：「那種感覺就像她在游泳池裡對自己的兒子喊著『快跳進來，水很舒服』。我非常非常想念他們，這次的經歷讓我深深感動，也覺得很美好。」[7]

預知感應是一種非凡的經驗，樣態也很多元。由於相關的案例非常充足，已故的著名冰島幽靈研究者艾倫杜爾・哈拉迪森（Erlendur Haraldsson）更稱其為「最令人信服的死後生命證據」，我們會在第九十四頁的〈見證二：預知感應〉中介紹他。[8]

見證三：轉變之光

歷經死亡的經驗是否能讓一個人做出正向的明顯改變？為了驗證這個問題，西雅圖的一個研究團隊提出了另一個問題：死亡經歷帶來的影響是否能夠被記錄並觀察得到？

針對超過四百名曾經歷瀕死的人進行了繁複研究的結果顯示，與未曾經歷瀕死的人相比，瀕死親歷者在個性上確實有各種明確的深刻改變，包括對死亡的焦慮感降低與對生活的熱情提高，還有智力的提升以及超自然能力的增強等等。[9]

為了避免過於盲目的樂觀，我們必須持平地指出，即使研究數據看起來正面積極，但並非所有改變都是正向的。有些人因為瀕死經驗造成的轉變如此之大，使他們不再是原來的那個自己。儘管很難相信，但在經歷瀕死經驗之後，原本極度苛求且脾氣暴躁的配偶可能變得和善且寬容，這樣的改變或許超出了一段婚姻所能承受的範圍。如果本以某項獨特手法聞名的專業人士，突然間一百八十度大轉彎，這對他的職業生涯也可能造成很大的衝擊。

我從研究同儕梅爾文・莫爾斯（Melvin Morse）那裡聽到的故事，就是一個很貼切的例子。我暫且稱這位律師為大衛，他帶著困惑前來尋求莫爾斯博士的幫助。大衛之前因為在法庭上過於勞累，以至於在辦公室突然心肌梗塞還差點因此喪命。他被緊急送往醫院，並在堵塞的心臟動脈中植入支架才救回一命。平安出院後，大衛帶著一顆更健康的心臟以及更健康的心態回到了工作崗位。

然而大衛的嶄新心態對他的職業生涯來說並不是個太好的轉變。過去他在法庭質詢中擅於不留情面地向對方施壓（即使他們不應該被這樣對待），所以有「鐵鎚」的稱號；在瀕死經驗之後，他變成了一個不願意逼迫對方、讓對方流淚的溫柔泰迪熊。由於面對衝突的天賦已然消失，大衛對公司來說變得可有可無，於是他被要求離職。

「那種感覺不見了。」大衛說：「我擔心了一陣子才意識到這是一件好事。心肌梗塞讓我頓悟那個原來的我不會持續太久，我認為這是上天給我的祝福。」[10]

大衛後來轉職到一家小型法律事務所，負責家庭法的相關案件，現在的他每天只需要工作八個小時，而不是以前的十二小時。

對許多類似大衛的人來說，這樣的轉變彷彿就像小說情節般極端，這就是為什麼我有時候稱這種轉變為「史古基症候群」（Scrooge Syndrome），因為這樣的前後變化就猶如查爾斯·狄更斯的經典小說《小氣財神》中，主角艾比尼澤·史古基（Ebenezer Scrooge）的改變。

見證四：迴光返照

迴光返照被定義為在臨終前所出現的短暫清醒和活力，有時候會在無法檢測到腦部活動的情況下發生。換句話說，那些被判定腦死的人可能突然從明顯的死亡狀態中重新活過來，就像聖經中的拉撒路（Lazarus）復活一樣，雖然持續的時間很短，還是會讓親人與醫護人員感到震驚。儘管腦電圖上沒有任何腦細胞活動的跡象，但這些被宣布腦死的患者卻能暫時恢復意識，而且清楚地談論特定的事情（例如家庭事務），這似乎也顯示了意識並不需要大腦的灰質（神經組織）來運作。

這代表著什麼呢？這是否表示意識的產生並不需要透過大腦的灰質來運作？而大腦和心靈確實是分開運作的？那麼迴光返照就是見證大腦和心靈分離的可見證明嗎？若是如此，這是否也應證了意識在身體死亡後仍然存在？

就連偉大的心理學家卡爾・榮格也注意到無腦意識的諷刺性，他說：「意識的完全喪失，可能會伴隨著對外在世界的感知與逼真的夢境體驗。由於此時產生意識的大腦皮質層並未運作，因此這樣的現象至今仍然無從解釋。」[11]

我認為迴光返照的案例，是二元論與靈魂確實能夠與身體分離的證明，同時也顯示了意識並不需要大腦的運作才能產生。事實上，以某一些迴光返照的案例來看，

大腦反而可能會妨礙心靈的運作。

迴光返照是一種明確的共歷死亡經驗，因為它是發生在身體死亡前不久，並由一人或多人親眼所見，而且通常發生在認知與大腦功能消失之後，說明了這樣的死而復生並非完全不可能，但少之又少。猶如一位迴光返照的研究者所言：「瀕死經

驗和迴光返照正好相反，瀕死經驗是關於離開，迴光返照則是返回。」[12]而「返回」的顯然就是靈魂。

見證五：突如其來的靈感、療癒能力和技能

許多歷經瀕死經驗的人都說自己那時曾參觀了知識的殿堂，他們在那裡接觸到——或者有些甚至說自己被**下載**了對他們來說似乎是世界上所有的資訊。

這些瀕死親歷者中，有一小部分的人在經歷如此不尋常的遭遇之後，獲取了新能力——他們的技能和智能都提高了；其他人則得到了身體或精神上的療癒。還有一些人帶著守護天使歸來，這些守護天使終其一生都伴隨在他們身邊，並給予精神上的引導。

對某一些人來說，這樣的經歷所帶來的前後變化可謂戲劇性的翻轉，他們可能改變了職業，或是對靈性方面產生了近乎偏執的興趣，也有些人後來成為卓越的藝術家，像是畫家、作家、演員等等。然而這個經歷的影響也會出現在個性上，由於產生的改變非常明顯，所以周遭的人都能注意到親歷者的變化，熟識的人更是可以

看出明顯的差異。而目睹了這個改變的旁觀者，就是共歷經驗的見證人。

這樣的改變是怎麼發生的？又為什麼幾乎是立即的改變？我們將在一八二頁的〈見證五〉介紹人生在歷經瀕死後變得更加美好的兩位優秀醫生及其他人。

見證六：光、霧與樂聲

人類歷史上經常出現關於臨終者附近出現光和霧的事件，這類報導一直持續到現代。雖然我個人尚未經歷過這些現象，但我曾經與兩位有過這類經歷的人進行情感上的互動。

當時的我在喬治亞州梅肯市的醫院任職，有一天我碰巧聽見一位外科醫生和一位實習醫生在談論這個話題。實習醫生聽說夜班的護理師看到一位病人在臨終時身上發出微光。這位護理師被這個不尋常的景象嚇了一大跳，趕忙向護理長報告了這件事，護理長又把這件事告訴了另一位護理師，於是事情就傳了開來，這才傳到了實習醫生的耳朵。實習醫生對這件在醫學教科書中找不到的驚奇現象非常感興趣。

外科醫生說他在醫院工作了好幾年，也聽說過一些類似的故事，所以早已經見怪不怪，不過還是很希望自己能親眼見到這件事。

我對他們的談話內容很感興趣，於是開口問了幾個問題，可惜在外科醫生回答之前，一位護理師突然走過來打斷了我們，她直接表達了看法。

「那只是錯覺罷了！」她就這麼結束了這場對話。

幾年過後，我在北卡羅來納州的夏洛特市聽到一位腫瘤科醫生的不同見解。他那時正在照顧一位癌症末期病患，心臟監測器開始發出警示聲，螢幕上的心電圖呈現出心跳已經停止的一條直平線。然而就在醫生開始檢查電擊器是否通電時，病人的身體突然開始發光。醫生對自己目擊的現象感到驚訝，他告訴我，在之後的幾個月裡他一直思考著到底發生了什麼事。

「我不知道那是什麼，但很確定有這麼一回事。」他說：「但說實話，我不認為自己看到的是靈魂。我唯一能確定的是，那是一道光。」

臨終病房中的神祕亮光，可能來自不同處。它們看起來似乎不和臨終者的身體毫無關聯，不然就是源於臨終者的身體。人們可能會看到臨終者的頭部有一圈光環或其他閃爍的亮光，或者看到一縷霧氣或形狀從身體中冉冉離開。在某些案例中，這些形狀可能呈現出人的樣態。

此外，瀕死親歷者有時候也會聽見無從確認來源的美妙樂音。我必須再次強調這是只有親歷者自己才聽得到，也因此這樣的經歷完全主觀。共歷死亡經驗則不同，即使不是所有在臨終病榻旁的人都聽到了樂聲，但多數人都聽見了。這樣的案例極為關鍵，因為它證明了**有些現象不僅僅只是來自於病患垂死的大腦**。

其中最著名的一個案例發生在十七世紀德國劇作家歌德（Johann Wolfgang von Goethe）臨終時，當時有五個人在他家中聽到了無處可循的樂聲。[13]在另一個令人震驚的案例中，一位臨終的聾啞人士表示自己聽到了音樂，在他病床旁的人也都聽到了。[14]類似的恢復狀況也出現在盲人身上，稱其在瀕死經驗中突然重見光明。

光、霧和樂聲，是照護臨終者的人經常看到的超自然現象，也是研討會上的主要討論議題之一，但卻很少受到研究死亡領域的研究者的關注。這些現象之所以重要，是因為它們顯示出臨終者的某些本質不但真實存在，而且還能被他人一同見證。

見證七：靈視鏡

無論是在原始時代還是現代，無論是刻意還是不經意為之，世界各地的人們都發現，如果專注凝視空無一物的深處，就可以打開通往幻象世界的大門，再次看到已故的親人。

身為一位精神科醫生，我對任何可能的治療方法都非常感興趣，倘若與已故的親人重逢能夠減輕生者的悲傷，我也希望自己可以提供這樣的機會。如果這代表我需要回溯整個歷史來尋找實現的方法，我也願意這麼做。

我研究了所有找得到的方式，特別是古希臘人創造的一種被稱為「靈視鏡」的場域，在重新與亡者聯繫方面非常有效。我甚至在位於阿拉巴馬州的家中建造了一個靈視鏡的場域。

當我開放了這個場域之後，我發現一件奇怪的事，那就是絕大多數的參與者在凝視的過程中都能與已故的親人相見，有些會面的感覺如此逼真，以至於參與者堅持他們的親人已經復活。一位來自紐約的專業會計師就是其中的一個例子，他前來與已故的母親連繫，他說：

我毫無疑問地認為自己在鏡子裡看到的人就是我的母親！不過她看起來比臨終前更健康、更快樂。她對我說話，但是嘴巴沒有動，然而我清清楚楚地聽到了她說的話。她說：「我很好」並開心地笑著。我盡量讓自己放輕鬆……但手其實發麻了，我能感覺到自己的心跳加快……我說：「很高興再見到妳」，她回答：「我也很高興見到你」……我感覺到她伸手摸我，好像在向我保證她在新地方過得很好，然後她就消失了。從我所看到和聽到的，讓我知道她不再像在世時的最後幾天那樣痛苦……這讓我減輕了人生中的很多壓力。[15]

幾乎每個星期都有靈視鏡的真實故事傳出，有些人說他們從中和亡者進行了長時間的對話，其他人則說看到親人從鏡子（凝視媒介）中出現，並與他們坐在一起。有時候親人不會在靈視鏡中出現，而是在客戶回到旅館房間後才出現。有位女士的兒子出現在她的旅館房間裡，然後握著她的手交談了一段很長的時間，最後還溫柔地擁抱她，接著就離開了。

喜劇演員瓊．瑞佛斯（Joan Rivers）也曾來到靈視鏡所在的房間，在與自殺的已故丈夫艾德格坦誠交談後，她擦著淚水離開。瓊真誠地與我分享其中的過程，且激動地流淚，她並未告訴我艾德格實際上說了些什麼，只是說她現在知道是什麼痛苦的原因讓艾德格選擇結束生命。[16]

而另一位退休空軍上校自願參與靈視鏡的體驗後，告訴節目觀眾她的母親從鏡子中出現，然後就坐在她的身邊，因為距離如此之近，讓她甚至能感覺到母親的存在。她的描述令歐普拉感到難以置信。[17]

朋友們經常鼓勵我在房間內安裝隱藏攝影機，但我和客戶之間的保密協議當然不允許這樣的行為。也因為如此，所有關於與已故親人「真實」相遇的敘述，都屬於主觀的經歷，我只能聆聽這些故事，無法親眼目睹。

不過，這個遺憾在一位前來見已故女兒的女士拍下了一張照片後，有了突破性的改變。這位女士在白天拍的照片中出現了三個光球，這些光球就是她女兒的本體。從那時候起，我對靈視鏡的看法完全改觀，因為它顯現出靈魂存在的證據。

我對靈魂的看法

共歷死亡經驗明確顯示出，意識不僅只是大腦中的化學反應，也並非與靈魂無關，同時更證明了瀕死經驗不只是大腦缺氧所導致的現象；而臨終旁觀者能夠與臨終者或從死亡邊緣被救回的人，擁有相同的穿越經驗。這些積極研究共歷死亡經驗的新發現與發展，帶領我們向死後世界的未知領域邁進。

見證一

靈魂出竅

我們必須體認到，我們生存於靈性世界並擁有靈魂；
我們同時也生存於物質的世界，擁有身體和大腦。
——約翰·艾克爾斯（John C. Eccles）

大多數曾經歷靈魂出竅的人都堅信自己的意識離開了身體，並目擊了在無意識狀態下應該不會看到的事。他們從有如電影攝影機的視角，看到並聽到了現實中發生的事件。如果他們當時正在手術室中，可能會覺得自己飄升到軀體的上方，看著醫生進行救命手術，之後也能詳細描述整個過程。經歷過瀕死經驗的人當中，有多達百分之五十的人曾提及自己有脫離肉體的感覺，這是顯示心靈與身體的確各自存在的重要指標。

靈魂出竅的經驗分享

為了更加瞭解研究者已知的各種靈魂出竅經歷，我特別列舉了以下幾個例子。這些例子顯示出靈魂出竅的經歷不但會發生在不同的人身上，也會有各種不一樣的形式，然而對那些親歷靈魂出竅者以及旁觀者而言，都會產生直接的心理影響。

皇室的靈魂出竅經驗

靈魂出竅經歷的其中一個典型例子發生在一九八四年，當時的約旦國王胡笙因服用治療心臟問題的抗凝血藥物，導致了大出血。他的醫生們被緊急召前來醫治，但國王在抗凝血藥物的效果被抑制之前已經陷入休克，心臟也停止跳動。醫生們都嚇壞了，趕忙加快搶救的速度。國王的妻子努爾王后後來曾在回憶錄中提到：「我的丈夫在那時從各方面來說，已經死亡。」[1]

所幸醫生成功恢復了他的心跳。幾天後，胡笙國王表示那次的經歷堪稱愉快。根據王后後來的轉述，他說：「我沒有感到絲毫的痛苦、恐懼或擔憂……我像是一個自由的靈魂，飄浮在自己的身體上方。那是一種相當愉悅的感覺。」2

失敗的電腦斷層掃描

另一個靈魂出竅經歷發生在一位名為安卓雅的女性身上，當時她正在接受電腦斷層掃描。以下是她的親口描述，且所有參與搶救的醫療人員都證實了她所說的話：

在被注射了顯影劑之後，我開始不停地打噴嚏。結束後，護理師告訴我可以離開了，但這時我已經無法說話或呼吸，然後就失去了意識。護理師慌亂地呼叫搶救團隊，當他們趕到時，我猜我已經「死了」。

我看到團隊進入醫療室並圍住一個人，當時我以為那是別人，根本沒想到那個人就是我自己。我那時整個人非常地平靜，並為那個女士（實際上是我自己）感到難過，因為搶救團隊正在努力讓她恢復心跳。

這時我看到自己被插管，他們按壓我的胸部，試著把我救回來。我目睹了自己的心導管攝影和周遭發生的一切。四十五分鐘後，我的心臟開始自行跳動，我也被拉回到了自己的身體。[3]

有些人甚至在手術過程中「脫離」了身體，清楚地看著進行心臟或大腦手術時複雜的程序以及使用的特殊器具。由於麻醉被認為會讓人失去意識，因此外科醫生經常對於應當在無意識狀態下的患者，能夠準確地說出被麻醉時周圍發生的事而感到震驚。

從健康到死亡再到復活

有時，靈魂出竅的證據來自於第三者所見，也就是有人目睹了另一個人靈魂出竅時的情況。這樣的靈魂出竅經驗極為罕見，因此在死亡研究領域中十分珍貴。其中的一個案例意外地被我碰上。那時我結束了一場在義大利的講座，一位面容嚴肅的男子在會場後方向我走來，他是一位外科醫生，一直對手術進行中發生的一件事感到困惑。

他說事情發生在為一位年輕男子進行非急需外科手術時，那位病患的健康狀況非常好，而且同樣的手術他之前也已經做過多次，沒有理由認為會發生什麼狀況，但意外還是發生了。手術開始後不久，病人忽然心臟驟停，而且無法恢復跳動。他開始進行心肺復甦術，卻不見起色，於是他拿出電擊器想讓病患恢復心跳，然而卻徒勞無功，那位年輕病患的心臟依然毫無動靜。外科醫生說他有一種強烈的預感，這位病人可能回天乏術了。他想：天啊，這是怎麼回事？他問自己，該怎麼向家屬解釋？

就在他試著面對這個痛苦的局面時，手術室的門突然被用力打開，一位女士發狂似地衝了進來。由於她的情緒非常激動，外科醫生起初還以為是精神病患者從醫院的另一個部門逃出來襲擊了他。

醫生說當時她大聲喊著：「不要讓我丈夫死掉！我丈夫還沒死。我在等候區時，我丈夫突然出現在我面前。他說你認為他已經死了！他叫我到這裡來跟你說，他還沒有死。」

外科醫生說他不記得後來是怎麼讓病患恢復心跳的，只記得自己進入了「自動駕駛」狀態，拚了命繼續刺激病人的心臟。不久之後，病人的心臟開始重新恢復了跳動。

病人被送到恢復室並恢復了意識後，他告訴醫生自己所看到和經歷的事。他說：「我在自己的身體上方往下看著你，我看得出來你覺得我已經死了。我一直對你說『我還沒死，我還沒死』，但是你卻聽不到。所以我才去等候區告訴我的妻子，請她進手術室告訴你，我還沒死。」[4]

常見的強大經歷

前面所分享的這些故事有很多共同的特點：令人難以置信、充滿希望，且讓人感到不可思議。這些都是客觀的故事，也顯示了靈魂有能力離開身體並傳達訊息，而且這個訊息在這些情況下格外重要，那就是：「我還活著。」這些靈魂出竅的故事經歷，證明了身體可能會死去，但靈魂仍然存在，並足以說服許多人，包括對此最抱持懷疑態度的科學家。

由於故事在解釋與驗證意識分離時極為重要，因此接下來我特別敘述幾個明確顯示客觀的靈魂出竅經驗，以及它們在定義意識時為何如此重要。其中少數來自瀕死經歷研究基金會的檔案（此基金會成功蒐集了來自世界各地的瀕死經驗案例），其他則來自於我個人的檔案。

目睹自己的心臟電擊

這是梅爾文．莫爾斯醫生告訴我的故事，是一個七歲男孩在醫院大廳發生心臟驟停的經歷。這個案例來自於我在採訪莫爾斯醫生時所做的紀錄：

男孩記得自己在醫院大廳裡，然後突然有一種往下沉的感覺，他說：「就像坐在車上經過一個顛簸碰撞時，胃部突然下墜的感覺。」他聽到耳邊一陣「呼嘯聲」和有人說話的聲音。

接著，他覺得自己飄浮在天花板上，往下俯視著自己的身體。房間裡的光線昏暗，但他的身體被一道柔和的光線籠罩著。他聽見一位護理師說：「真希望我們不必這麼做。」然後看到他們正在進行心肺復甦術。

他看到護理師「在（他的）身體上塗了一層油」，接著「把電擊片遞給醫生」。電擊片被放在（他的）身體上，當「醫生按下按鈕時，他突然回到了自己的身體裡，躺著看著醫生」。他感受到電擊時身體的劇烈疼痛，還說自己之後經常做惡夢，夢到被電擊的痛苦。

當時也在現場的護理師說，男孩在心臟被電擊後睜開了眼睛，說：「這真是太奇怪了，我剛剛飄浮在自己的身體上方，然後又被吸回到了身體裡。」[5]

經過確認的靈魂出竅經驗

這是薇奧拉．霍頓（Viola Horton）女士告訴我的案例，她當時正經歷一項緊急手術，她的所有家人和一位急診室醫生都證實了這個經歷。這是我聽到的第一個能夠獲得確認的靈魂出竅經歷，也是讓我相信意識可以在人體之外漫遊並返回身體的案例之一。

人在手術室中的薇奧拉能夠離開她的身體，然後離開手術室，並透過描述自己當時在醫院其他地方看到和聽到的事情，來確認她的靈魂出竅經歷。醫生根據薇奧拉所分享的情況描述，薇奧拉離開了她的身體來到等候室，並看到年幼的女兒穿著不成套的格子衣褲。薇奧拉後來告訴家人她的經歷以及自己看到女兒穿著不搭的衣服時（當時她的女兒匆忙穿上衣服趕來醫院），她的家人知道薇奧拉那時候絕對跟他們一起在等候室裡。薇奧拉在等候室時還看到她的小叔正在打公共電話。她靠過去想跟他接觸時，聽到了他說的話。

他對一位生意夥伴說：「我本來要去看亨利叔叔的，但我家嫂子大概撐不住了，所以我最好留下來處理後事。」

幾天後，薇奧拉告訴醫生所有發生的事。她的家人原本還半信半疑，直到薇奧拉轉向她的小叔說：「下次我死的時候，你就去看亨利吧，因為我會好好的。」大家那時候都有聽到他在電話裡說的話，所以對薇奧拉看見並聽見每個人所說和所做的事情時，都感到震驚不已，而她的小叔更是覺得尷尬。[6]

一次靈魂出竅的會面

這是一個和一對兄妹有關的獨特靈魂出竅經驗，當時他們分別在不同的醫院裡面臨生死交關的邊緣，哥哥是因為心臟問題，妹妹則陷入糖尿病昏迷。這個故事是從哥哥那裡得知的，他是一名駐紮在紐澤西州迪克斯堡的士兵。我在《瞥見永恆》一書中提過這個故事，不過有鑑於它的多元面向，我決定再次藉由這個故事來說明：

我離開了身體來到房間的角落，我從那裡看著醫生們在底下對我進行搶救。突然間，我發現自己正在和妹妹交談，她當時和我在一起。我和妹妹的關係非常親密，我們熱烈地討論著下面正在發生的事情。接著，她開始離我愈來愈遠。我想要跟著她走，但她不停告訴我要待在原地。「你的時間還沒到。」她對我說：「你不能跟我走，因為現在還不是你離開的時候。」然後她進入一條通道並漸漸往後離去，留下我獨自一個人在那裡。

當我醒來時，我告訴醫生妹妹已經去世了，但他極力否認。後來他在我的堅持下，請一位護理師去查證。事實證明，她真的去世了，正如我所知道的那樣。[7]

我聽到了這個故事時，人正在迪克斯堡附近，也剛好還有一些時間可以拜訪事件中的主治醫生。醫生不但確認了這個故事，還提到這件事改變了他自己的專業態度。他說，這個案例聽起來過於離譜，他通常不會特別去確認或查證，畢竟軍醫的工作非常忙碌，手頭上的病人一大堆，而且這聽起來比較像是一場夢，不像真實發生的事。不過當病人超乎尋常的經歷被證明為真之後，這位醫生決定不再對這類故事抱持懷疑態度，他暗自承諾從今以後要聽取每位病人的故事，並以不同的角度來看待。

我記得他說道：「有些事情或許並不符合醫學書籍的描述，但我不想錯過這些提供我學習機會的事。」[8]

探查者們

靈魂出竅的相關記載已有好幾千年的歷史，埃及的象形文字中就曾經出現過靈魂出竅的畫面，描繪一個已死之人的靈魂正要離開他的身體。在好一段時期之後，古希臘人開始以哲學的方式探討靈魂出竅，這都要歸功於西元前八百年一位名為赫爾墨提姆斯（Hermotimus）的人，他因為能夠隨意離開自己的身體並前往遙遠的地點而聞名。這件事在哲學家之中引起轟動，因為他們認為赫爾墨提姆斯能夠離開身體的能力，正應證了心靈與身體的同時並存。

身心分離的觀念開啟了現代所謂「身心問題」的大門，即研究心靈與身體之間的關係，或者非物質性的心靈是否存在的問題。

現代科學與靈魂出竅經歷

有幾位現代學者運用了科學的方法來研究靈魂出竅的經歷，起初我並非其中一位，因此當我撰寫《死後的世界》這本書時，就直接明確地告訴讀者這是一本觀察研究報告，不是科學著作。如果要進行科學研究，我說，得由別人來做。

這本書發表後不久，心臟科醫師邁克・薩柏木（Michael Sabom）接受了這項挑戰。當佛羅里達蓋恩斯維爾大學（University of Florida in Gainesville）的一位精神病社工莎拉・克勞茲格（Sarah Kreutziger）在某一次的成人主日學班介紹我的書時，薩柏木也在場。那次的介紹似乎讓在場的每一個人都印象深刻，除了薩柏木以外，他不相信書中描述的瀕死經驗是真的。

在那個星期末，克勞茲格致電給薩柏木，提到牧師聽說了她的課程，希望她能在教會為所有人進行演講，所以她想邀請薩柏木加入。

薩柏木同意了，但有一個附加條件：他想問幾位曾經心臟病發的病患，是否也在被搶救的過程中有過瀕死經驗。克勞茲格欣然同意，同時說自己也會詢問接觸過的病人，問問他們是否曾經歷過我書中描述的任何瀕死經驗要素。

這次的因緣際會成為一段長期「教會研究」（如我所稱）的契機。薩柏木堅持要求他們必須以嚴謹且去除偏見的方式，有系統地蒐集客觀的觀察，亦即科學的方法。他認為我在《死後的世界》一書中所採用的案例收集方式過於隨意且不夠系統化，無法滿足他嚴格的醫學研究方法。

因此，克勞茲格和薩柏木決定採用實際上瀕臨死亡的病患作為研究對象，意思是這些病患都必須在生理上面臨嚴重的情況，如果缺乏醫療介入必然無法存活。

克勞茲格和薩柏木記錄了這些病患的教育程度、職業、社經地位與宗教背景，並將他們的瀕死經驗與背景資料進行分析。接著，再將這當中確認有過瀕死經驗的經歷，和我書中所描述的情況相互比較。

其中最讓薩柏木感興趣的，是我描述的許多靈魂出竅案例對象都提到了大量視覺上的細節，然而他們當時都處於無意識的狀態，應該無法回憶起任何事情。

這兩位研究者在一些教會和公眾團體的課堂上進行他們的研究，並從中收集了許多案例。後來克勞茲格為了完成她的博士研究，搬到路易斯安那州，薩柏木則進入埃默里大學醫學院（Emory University School of Medicine），並在亞特蘭大退伍軍人醫院擔任駐院醫師，也在那裡接觸到許多瀕死倖存者。這次的轉職讓他的研究數量有了大幅度的提升。[9]

我、薩柏木以及肯尼斯・林格（Kenneth Ring）博士、布魯斯・葛瑞森（Bruce Greyson）醫生和約翰・奧戴特（John Audette），在一九七七年共同創立了「國際瀕死研究協會」（IANDS），並以研究瀕死經歷為宗旨。

薩柏木在一九七八年啟動了「亞特蘭大研究」（Atlanta Study），這是一項聚焦在瀕死經驗與靈魂出竅經歷的調查。為了證明意識在臨床死亡時（以患者的外部生命跡象消失且尚未成功恢復前為定義）確實離開了身體，薩柏木將患者回想的所見與醫療人員在搶救過程中的紀錄進行比對。

由於薩柏木是一位心臟醫學專家，所以他的研究案例大部分來自於心臟驟停患者。這其實對研究本身極為有利，因為大多數人都認為若是心臟停止了跳動，就表示患者已經近乎死亡。[10]

我必須承認，薩柏木和克勞茲格的研究結果讓我感到非常寬慰。他們不僅是致力於科學方法的優秀研究者，同時還願意拋開偏見，接受研究的結果。在「亞特蘭大研究」開始前，薩柏木並不相信我在《死後的世界》一書中的結論，事實上他甚至認為我編造了大部分的案例；克勞茲格則相信我的結論。不過在進行案例的蒐集和分析研究時，這兩位研究者都保持中立的態度，完全以研究結果為本來得出最後的結論。

由於他們的細膩行事之下，薩柏木和克勞茲格蒐集到了一些非常優異的案例，其中包括以下列出的四個可驗證的靈魂出竅案例。這些案例中的患者歷經意識與身體的分離，他們能夠「看見」並在隨後描述醫療團隊所進行的搶救過程。而且每一個案例都是由患者親口敘述，並經過當時也在場的醫生驗證。

無意識的視覺

一名男子在歷經心臟復甦術之後描述了整個過程，他說：「當我提到他（醫生）做的幾件事後，確實讓他思考『嗯，我的確做了那些事。但我知道你當時是無意識的，所以你一定是看見了。』我現在已經記不太清楚有哪幾件事讓他覺得我一定是看見了，否則不會知道他做過那些事。」[11]

醫生說這不可能

一名患者告訴醫生他在心臟驟停時的靈魂出竅狀態中，看到了什麼，他說：

當B醫生看到我時，他說我差一點就沒命了。我對他說：「B醫生，我不可能死了，我知道當時發生的每一件事。」我說他那時候先從我的右腋下方靠過來，後來改變了主意，轉到了另一側。B醫生猛搖著頭說這不可能，因為我當時已經正式死亡，根本不可能看到那些。他無法理解這是怎麼一回事。我問他：「我說得對嗎？」他回答：「沒錯，你都說對了！」他還是一直地搖頭，然後走開了。[12]

動也不動的心電圖

一名五十歲的房地產經紀人描述了他在心臟驟停時的瀕死經歷：

我感到一陣胸痛，然後就昏倒了。我有一段時間什麼都不記得，只記得自己浮在天花板上，往下看著他們在我身上進行搶救……（護理師）把針頭插進我的身體裡，在點滴中注射藥物……一切看起來都和之前一樣——床頭櫃、椅子，所有我能想到的東西都在原來的地方……他（醫生）看起來像是把一隻手放在我的胸口上，不斷地用力按壓。我可以看到整個床上上下下……（心電圖）一動也不動。突然，上面亮了紅燈，螢幕上出現一條線……看來他們做的事讓心電圖重新連上線。我就在那時回到了床上。[13]

完美的重返

一位男士回想起自己的心臟病發事件，他說：

我再也受不了那種痛了……然後我就倒了下來，一切變得黯淡……過了一陣子……我覺得自己坐在某個地方的上面，我可以往下看，我意識到的第一件事是自己從來沒發現地板是黑白相間的瓷磚……我接著認出了在下面的自己，以胎兒在子宮中蜷縮的姿勢躺著。有兩、三個人把我抬起來放在一個托盤上，原來不是托盤是推車……他們綁住了我的雙腳，開始推著我前進。

當他們第一次把我扔到手術台上時，（醫生）用力捶了我一下，我的意思是他真的狠狠地捶了我。他高舉拳頭，從後腦勺狠狠揮過來，正好擊中了我的胸口中央。

然後他們開始按壓我的胸部……之後在我的嘴裡塞了一根塑膠管，就像放進油罐裡的那種……這時，我注意到另一個桌子上擺放了一堆東西。

我後來才知道那是用來電擊的機器……因為側躺著，所以我只看到了自己的右耳和右側的臉……我可以聽到有人在說話的聲音……（心臟監測器）就像能夠顯示波形的示波器，一次又一次呈現出同樣的一直線……然後我又被打了一針……這次他們雙手拿著針——我覺得這很不尋常……（然後他們拿了）有手柄的圓盤……把一個放在這裡——我覺得這個比另一個大，另一個放在這裡（患者用手指向胸部的正確位置）……他們電擊了一次，但我沒有反應……我突然覺得自己在某種程度上似乎能夠選擇是否重新進入身體裡，賭看看他們能不能把我救活，或者可以就這樣死去，如果我當下還不算死的話……我知道無論我的身體是不是已經死了，我都會很安全……他們第進行了第二次電擊……我就這樣重新進入了自己的身體裡。[14]

為了更加證實靈魂出竅經歷的感知準確度，薩柏木請患者描述他們在心臟驟停期間被施以心肺復甦術的過程，接著再將他們的回答與另一組接受過心肺復甦術急救，但不曾有過瀕死經驗或靈魂出竅經歷的二十五位「經驗豐富的心臟病患」進行比較。[15] 研究結果顯示，經歷過瀕死經驗和靈魂出竅的患者所提供的描述，遠比那些沒有靈魂出竅經歷的患者更為準確，這也證明了靈魂出竅經歷者確實擁有準確的視覺影像。[16]

進一步的研究

另一項值得關注的靈魂出竅經歷研究，是由潘妮．薩托里（Penny Sartori）於二〇〇六年所發表。在她訪問的十五名瀕死親歷者當中，有八人宣稱他們曾經離開自己的身體。[17] 她將這些人描述自己所看到的情況，與那些有瀕死經驗但無靈魂出竅經歷的患者進行比較。結果發現，那些宣稱自己曾離開身體的人所描述的被心肺復甦過程高度地準確，那些不曾經歷靈魂出竅的人所做的描述則不準確。[18]

而在隔年發表的一項特別艱困的研究中，一位來自北德州大學（University of North Texas）的研究者暨教育學者珍．侯頓（Jan Holden）博士，搜集了至今在學術期刊和書籍中發表過的所有伴隨著靈魂出竅經歷的瀕死經驗案例。[19] 她發現其中有八十九個案例包含了日常生活事件的觀察描述，另外有十四名瀕死親歷者描述了「非物質、非物理的現象」，這些現象後來都被證實為真。[20]侯頓博士的這項研究標準非常嚴格，只要描述的靈魂出竅經歷中有一個觀察錯誤，就會被判定為「不準確」。[21]然而即使標準非常嚴苛，仍有百分之九十二的靈魂出竅經歷描述被判定為準確，而這個整體的結果，也為靈魂出竅經歷的真實性提供了證據。[22]

瀕死經驗研究基金會的創始人傑佛瑞・朗博士，發表了一項關於靈魂出竅經歷中的觀察準確性研究。[23]這項調查檢視了在瀕死經驗研究基金會網站上，參與問卷調查的六百一十七個瀕死經驗分享。[24]其中有兩百八十七個包含靈魂出竅的瀕死經驗提供了足夠的資訊，因此得以客觀地確認觀察的真實性。[25]而在這兩百八十七個當中的兩百八十個（九十七・六％）在其瀕死經驗中描述了地球上正在發生的事件，並且完全符合現實。[26]此外，在這兩百八十七個參與靈魂出竅經歷研究的對象中，有六十五位瀕死親歷者從死亡邊緣逃過一劫[27]。之後，傑佛瑞・朗博士親自調查了他們在靈魂出竅經歷時的觀察準確度，發現他們在瀕死經驗中所看到的事物，完全忠於現實，沒有任何的不準確。[28]

在靈魂出竅經歷中所看到的事物，有許多都遠超出了親歷者的日常生活範疇。傑佛瑞・朗博士在一篇名為〈瀕死經驗中的意識存在證據：數十年的科學研究與新見解〉（暫譯，*Evidence for Survival of Consciousness in Near-Death Experiences: Decades of Science and New Insight*）的獲獎論文中，就包括了一個這樣的案例。[29] 傑佛瑞・朗博士在論文中引用了一位稱之為「凱特」的匿名女性案例，當時她正處於全身麻醉，也就是說她因為藥物的關係進入了睡眠狀態，在這樣的狀態下，所有的意識都會在手術期間受到暫時的終止，但根據凱特的描述：

我從天花板上看到下面正在進行手術。我並未感到不安。外科醫生要求一樣工具，他拿到了錯的，所以把它扔到地上。然後我進到一個長長的隧道，那個隧道愈來愈亮。我聽到了令人難以置信的音樂聲，從那以後，我就一直熱愛音樂。我來到了有花、有樹，還有小溪上有一座橋的明亮所在。那座橋似乎是由樹幹交織而成，在橋的另一邊是我的外婆，她旁邊還站著一位擁有明亮藍色雙眼、嘴邊有一顆深色的痣、下巴凹陷的女士，我以前從未見過這位女士。

當我走上橋時，外婆要我回頭，因為我的時刻還沒到來，她說我到了最後就會來到這裡。我覺得悲傷，因為我非常想和她在一起，外婆在我還是個孩子時總是陪在我身邊。然後我感覺到一陣巨大的呼嘯聲，接下來我就已經恢復了意識。

我看到一直都不是很親近的母親坐在我的床邊哭泣，她說：「我們差一點就失去了妳。妳病得不輕，已經昏迷了好幾天。」我對母親說：「我想告訴妳一件事。」但她說：「妳先休息一下。」但在我的堅持之下，我向母親說了這個經歷。她並不相信，直到我說到橋的部分，因為外婆是她的母親。我描述了和外婆在一起的那位女士，母親說那是她的奶奶，她在我出生前就去世很久了。

當主治醫生來看我時，他說我之前病得很嚴重，還一度在手術台上死去。我告訴他當時看到他扔掉工具的情景，並接著告訴他這個故事。[30]

「凱特肯定沒預料到自己會看到醫生把工具丟在地上。」傑佛瑞．朗博士在他的論文中寫道：「她也不曾預料到自己會遇見出生前就已經去世的曾祖母。」[31]

而在全身麻醉下進行手術的凱特，更不應當有任何意識上的經歷或印象。更何況如果她幾乎因為心臟驟停而死亡，那麼就不可能擁有清晰、有條理的經歷，尤其是在全身麻醉的情況下。「在那時候，甚至連擁有任何的記憶都應該絕對不可能。」傑佛瑞．朗博士說道：「然而，瀕死親歷者在全身麻醉下的靈魂出竅經歷推翻了這一點。」[32]

與宇宙智慧的接軌

許多醫學界的專業人士認為，全身麻醉就像是「死亡之眠」，在此影響下的人無法有任何的意識存在。但是傑佛瑞・朗博士和其他靈魂出竅經歷研究者的研究結果，以有力的證據反駁了這樣的觀點，證明了「超意識」（super consciousness）能夠超越麻醉的作用。這對於靈魂的研究來說非常重要。

正如傑佛瑞・朗博士所言，靈魂是「在身體死亡後繼續存在的非物質本體」，[33]這個本體包含了我們的記憶、性格與特質，這是對於靈魂的普遍定義。但傑佛瑞・朗博士有更進一步的定義，他推論我們的內在有一個與靈性智慧相連結的「部分」，這是一個僅能通過特定形式的經歷（瀕死經歷是其中之一）才能造訪的靈性訊息宇宙圖書館。[34]其他方式可能包括特殊的夢境、靈光乍現的瞬間（那些茅塞頓開的「啊哈」時刻）、既視感經歷，或是與超越自我的某些事物交流。

就算是藉由冥想或專注祈禱等修行方式，還是很少有人能與這種宇宙智慧建立獨特的連結。但是類似瀕死經驗等經歷，能夠觸發這樣的連結，而且當它發生時，可能會導致靈魂出竅，並讓我們接觸到從未知曉其存在的神祕感受、經驗與信息。

這些神祕經驗通常需要某種觸發事件，或許是恐懼、一場意外事故或心臟病的發作。當觸發事件發生時，宇宙就會開啟。這個開啟有時候會包括靈魂出竅的經歷，這時候意識似乎離開了身體，在現實的時空中恣意漫遊。有些人在之後還能夠詳細描述那些他們未曾造訪過的地方、人和事物。

這就是超越世俗的智慧、信息與洞察力的到訪。它們以一種可能沒有經歷過靈魂出竅就無法覺察的方式，讓人們意識到某種至高的存在。若依傑佛瑞·朗博士的說法，人們因此開始理解一些他們在靈魂出竅經歷之前未曾意識到的概念，諸如連結、合一和整體性等。這一切讓傑佛瑞·朗博士認為，瀕死經驗是一種**共同創造**，一部分是俗世的瀕死經驗，另一部分則是神聖的智慧，伴隨著一種全然的愛與智能，也就是許多人所稱的上帝的存在。[35]

這樣的評斷並沒有讓傑佛瑞·朗博士在醫學研究社群中贏得太多好感，尤其是那些認為將「靈魂」或「瀕死經驗」拿來和醫學研究相比並不科學的人。然而，對於傑佛瑞·朗博士來說，意識——亦即靈魂，是我們幾乎一無所知的無形之物。[36]它雖然無形，卻定義了我們的性格與人格特質，以及我們和宇宙的連結，但又似乎存在於可見的肉體之外。

我個人偏向於肯定傑佛瑞・朗博士針對靈魂的許多看法。但對我來說，一個人的本質與身分更容易透過敘事結構來建立和呈現。當新事件發生在我身上時，我會以某種特定的選擇、觀念和情感來回應，自然而然地將其融入在我持續進行的人生故事中，這些都是構成我這個人的一部分。這樣的解讀或許能使靈魂的概念不再那麼抽象。

傑佛瑞・朗博士不是一個迴避智識衝突的人，他無畏地與懷疑論者辯證，駁斥那些認為靈魂出竅經歷只是編造的、夢境幻想的或虛假的記憶。

到處都有懷疑論者

懷疑論者認為，瀕死經驗者在靈魂出竅時的正確所見只是僥倖的猜測，不過是從幻想夢境或虛假記憶拼湊出來的結果。但傑佛瑞・朗博士提出異議，他說：「許多大型研究皆一致證實靈魂出竅經歷所見的準確性，這無疑推翻了懷疑論的說法，況且這些先前的研究涵蓋了數百則完整的真實靈魂出竅經歷，其中有許多都被證實為真。」[37]

傑佛瑞．朗博士說得沒錯，懷疑論者對靈魂出竅經歷研究的批評就像對所有瀕死經驗研究的批評一樣，充滿負面。他們試圖抹煞即使是最細膩嚴謹的靈魂出竅經歷研究。我認為這是懷疑論者的恐懼因素在作祟，他們害怕自己長久以來的堅持信念被研究給推翻，迫使他們必須重新檢視自己的世界觀。

懷疑論者堅信靈魂出竅經歷很少、甚至幾乎無從被證明。然而傑佛瑞．朗博士提出有力的反駁，他說：「靈魂出竅經歷擁有數量龐大的證實案例，包括以前發表過的，以及在瀕死經歷研究基金會網站上公布的。也有十多個瀕死經驗中的靈魂出竅經歷所見進一步得到了驗證……瀕死經歷研究基金會接收的靈魂出竅經歷的瀕死經驗，幾乎都是真實的，更沒有無中生有的造假問題。」[38]

懷疑論者認為，靈魂出竅經歷是一種出現在瀕死經驗開始和結束時的「虛假記憶」。[39] 傑佛瑞．朗博士則再一次指出這又是一個錯誤指控。因為大量的研究顯示，即使瀕死親歷者處於深度的無意識狀態，但意識在這期間會出現在整段經歷或過程的中間。這點看似矛盾，然而這就是此現象的奧祕之一。傑佛瑞．朗博士寫道：「在瀕死經驗期間，最清晰的意識和警覺度通常就發生在身體無意識時。」[40]

我同意傑佛瑞．朗博士的觀點。在我蒐集和研究瀕死經驗多年的過程中，幾乎所有的案例經歷者都會描述在這段經歷當中，他們都有著極為清晰的視覺，以及前所未有的高度意識警覺。或許這部分有點讓人難以置信，因為瀕死經驗處於無意識狀態，而且眼睛還是閉著的。但這無疑是瀕死經驗神祕奧妙的一部分——擁有清楚的心靈視覺以及比過往更高層次的意識。

「藉由數百則靈魂出竅經歷的準確觀察，我們現在具備了大量的證據，顯示出在瀕死經驗中，即使身體無意識或臨床上被宣告死亡，意識仍然會脫離身體而存在。」傑佛瑞．朗博士如此寫道：「靈魂脫離身體的出竅經歷所見，與一般靈魂出竅經歷的所見一樣準確。這項瀕死經驗的證據直接指向一個結論——我們的意識在身體死亡後仍然繼續存在，死後的世界真實存在。」[41]

是什麼從身體離開了？

那麼，在靈魂出竅期間從身體離開的是什麼呢？是靈魂嗎？

沒錯！傑佛瑞．朗博士認為就是靈魂。[42]

科學界通常將「靈魂」和宗教連結在一起，因此為了避免觸及這個禁區，傑佛瑞．朗博士採用《Encarta 世界英文詞典》中所使用的兩則關於靈魂的定義：

首先是非宗教定義：「人類屬性的複合體，表現於意識、思想、感情和意志上，被認為與肉體不同。」

接著是涵蓋宗教信仰的定義：「在某些宗教信仰的體系中，靈魂被認為是人的精神部分，當身體死亡後，靈魂仍然繼續存在。」

藉由這些關於「靈魂」定義的基礎，傑佛瑞．朗博士和他的同事們得以避開可能阻礙關鍵研究的宗教偏見爭議，並根據研究結果提出了五個「政治正確」的要素，定義出在靈魂出竅經歷中離開身體的「它」是什麼：

- **「它」不需要身體就能生存**。瀕死親歷者提到他們離開了身體，以及伴隨的痛苦和折磨，但仍然能夠意識到自己和周圍的世界。
- **「它」知道自己來自特定的身體**。那些離開自己身體的人，都能夠認出他們所離開的身體，這一點幾乎沒有例外，而且他們也幾乎總是會花時間觀察自己寄身的宿主。大多數的瀕死經驗親歷者描述到「向下看」，然後看到自己的身體正身陷痛苦之中。通常會有一位醫生或其他專業的醫療人員宣布他們已經死亡或接近死亡。他們經常提及雖然對自己的身體感到難過，但也體認到那只是一個承載其真實自我的地球容器。

- 「它」**具備了五感**。靈魂出竅的瀕死親歷者覺察到自己仍然具備五感，有時候甚至更加敏銳。許多人提到他們有極為清晰的視覺，有些則有超自然的聽覺。
- 「它」**能夠自由移動，似乎不受身體的束縛**。雖然瀕死親歷者會返回到他們的身體裡，但脫離時很少有受到原本身體束縛的情況。許多人在遠距離脫離後返回時，還是能夠準確描述見到的人、地方和事件。
- 「它」**是進入另一個時空的媒介**。經歷過靈魂出竅的人通常會發現自己進入了一個隧道，然後到了另外一個世界，並在那裡見到已故的親人，遇見光體，同時回顧了自己的一生。[43]

傑佛瑞・朗博士的研究幾乎無可挑剔，但缺少了世界上究竟有多少人經歷過靈魂出竅經驗的數據。大約百分之三十五的瀕死經驗者提及他們有過靈魂出竅的經驗，某些研究報告的數字甚至更高。[44]國際瀕死研究協會在德國、澳洲和美國的調查報告顯示，在這些國家中有多達百分之十五的人口曾經歷過瀕死經驗。[45]這代表可能有數百萬人曾有過靈魂出竅經驗，而僅僅研究這些經驗，或許就足以回答關於意識、遠距視覺和遠距療癒等本質的各種問題。

若是能夠啟動一項全球性的研究，就能打開通往各種神祕事件的大門，或許也可以開啟宇宙未知神祕能量的通道，理解這些能夠改變人類感官本質的力量。

最好的靈魂出竅經驗

在結束這個議題之前，我想再次談談我所聽過的靈魂出竅經驗當中最好的一個。我之所以認為這個故事最好的原因，是因為它發生在我非常尊敬也認為是一位誠實的人身上，而且之後的研究更證實了這個經歷的真實性。

後來成為精神科醫生並撰寫了《接令返回》（暫譯，*Ordered to Return*）的喬治．里奇（George Ritchie）在一九四三年的十二月加入了軍隊，他被派往德州的巴克利營接受基礎訓練。不幸的是他在那裡罹患了呼吸道疾病，在病情急速惡化下轉成了肺炎，甚至高燒到攝氏四十度。

他記得自己從病床上起來，卻看到自己的身體仍然躺在床上。在他覺察到這一點的同時，他知道自己的麻煩大了。因為他曾在幾年前看到祖父過世時的遺體，所以病床上那張蒼白的臉色讓他明白自己已經離世，進入了另一個世界。

除了……他就在現場，靈魂出竅，觀察著周圍的環境！

里奇朝他看到的第一個人走去，那是雙手捧著一盤器具的病房助手。就在里奇正要迎面撞上那個助手時，卻彷彿根本不存在一樣，直接穿過了他的身體。

里奇想著：「沒有人看到我，沒有人感覺到我的存在，也沒有人能聽到我的聲響。」他在那當下決定離開營區，回到維吉尼亞州的里奇蒙探望母親。

就在他才想到要回里奇蒙時，突然感覺自己離開了地面，飛也似地往家的方向前去。他接著又想到另一個問題：「如果這裡沒有人能看到、感覺到或聽到我，那回家之後他們又怎麼可能和我溝通呢？」

里奇決定在離里奇蒙不遠的一個南方小鎮停留。他看到街上有一家餐館，當一個男人走出餐館時，里奇嘗試跟他交談，但沒有成功。他伸手去摸那個人的臉頰，然而他的手像是穿過空氣一樣，直接穿過了那個人的頭。

無法被看見的感覺讓里奇心生恐懼，尤其是在這種情況下，如果沒人看得見他，是否就表示他根本不存在。如果他沒辦法回到巴克利營區，會發生什麼事？他會不會就永遠與自己的身體和所有的感官分離了？

就在他那麼想的一瞬間，里奇咻地返回到巴克利營區的醫院病房，回到他的身體最後安在之處。病房裡擠滿了人，每個人看起來都一樣——皮膚黝黑、身材纖瘦、頭髮短短的，這些都是新兵的特徵。

里奇在病房中飄浮，尋找自己的身體，直到看到一具被床單緊緊覆蓋的身體，只有一隻手露在外面，那隻手戴著里奇的畢業戒指。他終於找到了自己。

他俯視自己的身體時，注意到自己的頭旁邊有一個小小的亮光，這個亮光變得愈來愈亮，直到整個房間都充滿了耀眼的光芒。里奇在內心深處聽到了一個低沉的聲音說：「站起來，站起來！上帝之子就在你的面前。」

原本在他周圍的醫院景象完全消失，取而代之的是一幕幕他一生中所做過的所有事情的全景畫面。那個聲音繼續與他交談，問他這一生都做了什麼，特別是他做了什麼來改善世界的愛。

里奇的身體被床單覆蓋著，但他的意識卻與上帝對話，里奇的一生原本要就此終結，但事實並非如此。醫生開立了死亡證明，同時指示病房助手準備將里奇的遺體送往太平間。就在助手這麼做時，他發現屍體好像有一絲動靜，馬上告訴醫生。醫生回到里奇身邊，再次宣告他已經死亡。但是助手再次回報說他看到里奇有了動靜，並請求醫生是否可以為這位年輕士兵的心臟注射腎上腺素。或許是厭倦了一再被煩擾，醫生照做了，而里奇也奇蹟般地復活了。他的醫療紀錄顯示他被宣告死亡兩次，時間相隔約九分鐘。

真實經歷

這個故事目前為止聽起來就像幻想般離奇，或者應該說是運氣非常好。但是里奇出院後的經歷證明了它的真實性。里奇當時搭著巴士返回里奇蒙，途中經過了密西西比州的維克斯堡鎮。

「下一條街上有一家餐館。」里奇突然對同行的友人這麼說。

「你怎麼知道？」友人問。

里奇就在這時敘述了自己在巴克利營區的瀕死經驗以及靈魂出竅經歷，那位友人決定測試他。

「那個轉角處有什麼？」他問道：「那邊又有什麼？」里奇不但能夠回答同伴提出的每一個問題，而且還說出了正確答案，由於里奇的意識能夠自由漫遊，並準確地告訴他人他所看到的景象，因此也使他的靈魂出竅經歷成為共歷死亡經驗。

對一些人來說，里奇的故事實在難以置信。當他談論這次的經歷時（通常是在教會的場合），總會有一部分聽眾表達他們並不相信。有些人，通常是男性，會大聲嚷嚷這個故事是杜撰的，根本沒發生過；或者指責里奇只是將一場嚴重的肺炎誇大成一段模仿聖經故事的奇幻旅程。

倘若我沒有在聽到里奇的故事之後告訴我父親這件事，當時的我可能也會對此抱持懷疑的態度。

我的父親是一位外科醫生，當他聽到喬治．里奇這個名字時，他點了點頭，並帶著一絲好奇的表情看著我。他說：「喬治．里奇……我記得他和他的故事，那是我在巴克利營區接受訓練時發生的事。」原來我的父親曾在里奇事件發生時與他同時在營區接受醫護兵的訓練，父親說這個故事立刻成為了傳奇。若是再加上里奇的主治醫生第一次簽發的死亡證書，這件事可謂鐵證如山。

此外，里奇本身的改變也使得他的故事更加令人信服。而我們也會在〈見證三：轉變之光〉的章節中，一瞥那些經歷過瀕死經驗的人所歷經的心靈轉變。這些轉變的其中之一，就是能夠比一般人經歷更多的可驗證靈性經驗。以里奇的例子來說確實如此，他經常接收到靈性的信息傳遞。他覺得這很正常，也相信大腦是一個接收來自「源頭」（他對更高存在的稱呼）的訊息接收器。里奇對這一點毫不懷疑，因此總是遵循自己腦海中的聲音指示。

舉例來說——這的真是一個奇特的例子，里奇和妻子瑪格麗特在華盛頓特區時，他看到一個憤怒的男人從他們身邊走過。這時，他腦海中響起了一個聲音，說這個人正打算去殺人。里奇跟隨著這位年輕人，並在下一個街角處和善地詢問他是否正要去殺人。這個人驚訝地（這麼說還不足以形容他的感受）承認自己當時正準備去殺一個藐視他的人。據瑪格麗特之後告訴我，里奇與那個年輕人交談了幾分鐘，當他覺得這個人已經冷靜下來，而且不再打算犯下謀殺罪時，里奇和妻子才繼續他們的行程。

里奇對類似這樣或其他的靈性訊息接收並不感到訝異，他閱讀了大量關於靈性力量的資訊，讀得越多，也越虔誠。里奇最終得出結論，是認為自己受到了上帝之聲的引導，他並不認為自己是唯一能接收到這種引導的人。正如他在我們數百次的談話中所告訴我的，「當我死去時，我與這個源頭更加地接近，這讓我比大多數人具有更深刻的連結。然而我們所有人都與上帝相通，他賜予了我們這個力量，我們只需要對它敞開心扉。」[47]

我可以接受這種解釋。許多科學家相信我們生活在一個充滿智慧且遍布著意識的宇宙中，我沒有理由懷疑這樣的言論。所以如果里奇相信這一點，並選擇將這個源頭稱為上帝，對我來說這和用「源頭」來比喻具有智慧的宇宙並無不同。無論是源頭還是上帝，我們談論的這個宇宙力量遠遠超越了名稱的重要性，它引發了人們的想望，不只是心靈的力量，還包括它能夠獨立於身體之外的運作能力。

不同的能量

這些討論讓我們不得不提及二十世紀的偉大神經外科醫生和意識研究者懷德・潘菲爾德（Wilder Penfield）所說的話，他精心研究的大腦地圖讓科學界對大腦如何儲存記憶有了更深入的理解。[48]潘菲爾德是最早使用電擊刺激來治療癲癇的神經外科醫生之一[49]，他同時也是發現意識在大腦結構中的位置所在的人。[50]

潘菲爾德確實是一位天才。然而儘管他在手術以及解剖學上獲取了巨大的成功，他卻坦承自己完全被大腦和心靈之間的神祕聯繫給難倒了。他在回憶錄《心靈的奧祕》（*The Mystery of the Mind*）中寫道：

現在令人驚訝的，是最後的證據檢視發現，二元論假說（心靈與大腦的分離）似乎是兩種可能解釋中更為合理的一種……心靈的確切本質仍然是一個謎，而其能量來源也還無法確定……。[51]

至於人與上帝之間是否存在這樣的交流，以及能量是否能在一個人死後從外部來源傳遞到心靈，這只能取決於每個人的斷定。科學並沒有這樣的答案。[52]

這是潘菲爾德選擇結束這項爭辯的言論。

為什麼靈魂出竅經驗能夠證明死後世界的存在

早在大約西元前六百年之前，希臘的思想家就對靈魂出竅之謎感到困惑。雖然現今有更多的研究人員比以往更認真看待靈魂出竅經驗，但依我個人的淺見，自亞里斯多德在西元前三百年記錄了相關內容以來，我們對靈魂出竅經驗的理解仍然微乎其微。

為了解釋其中的原因，我提出了一種可能性，那就是我們目前所擁有的理性思維，還不足以理解心靈或靈魂和身體之間的關係，也或許那可能遠遠超出了理性心靈所能理解的範疇。

靈魂出竅經驗往往是邁向愛與光的意識範疇的第一步。事實上，許多人發現自己雖然脫離了身體，但精神上卻比任何時候都更有活力，這是令人鼓舞的消息。更重要的是，靈魂出竅經驗為我們在尋求個人死後生命的延續上，增添了另一個理由和信心。

見證二

預知感應

我相信沒有任何一個靈魂會茫然地獨自飛向天堂。

——貝佐．韋伯福斯（Basil Wilberforce）

我們在前面曾經提到著名的物理學家威廉．巴瑞特爵士，是來世研究的主要推動者之一。他是愛爾蘭都柏林的物理學家，也是心靈研究學會的創始成員，幾乎沒有哪一個超自然現象還沒被他徹底研究過。

然而，儘管巴瑞特為這個領域引進了全面性的科學探究，但他也對大眾看待多數研究的反應感到沮喪。他在一九二四年的一次心靈研究學會演講中表達了這種挫敗感，那是在巴瑞特去世前一年，他說：「我個人深信我們發表的證據已經決定性地證明了（一）靈性世界的存在，（二）死後生命的延續，以及（三）來自已故者的偶爾交流。」他也說：「然而，對那些沒有類似經驗的人來說，這些證據幾乎無法發揮出迫使我相信的強大力量。」[1]

我同意巴瑞特的說法。想要說服不曾親身經歷過的人相信死後世界的證據，的確讓人感到極度地沮喪，我個人也對此深有體會。在我開始研究瀕死經驗時，就曾是巴瑞特所提到的懷疑論者之一。但是當我親身經歷了一次這類超自然經驗後（具體來說，是一次預知性的經驗），我便加入了信仰者的行列，也從此不曾回頭。

預知經驗的定義

在繼續探討之前，我先說明我對「預知死亡經驗」的定義——意即一個人意外地看見另一個人（通常是朋友或親戚）的死亡。這個預見形式可以是「直覺的感知」、夢境或是帶有預知超自然現象的影像。但另一個我更偏好的廣泛定義則簡單地表示，預知經驗是指對某種超自然現象的預知。這樣的定義可以涵蓋那些可能偏離嚴格定義的經歷，死者似乎就出現在同一個房間裡就是其中之一。

平行夢境

我自己的預知經驗發生在第一段婚姻的初期，那是我生命中最悲傷卻又最不可思議的日子之一。

那次的經驗顯現在兩個夢境裡——我和我妻子的夢境。我的妻子當時懷著七個月的身孕，我們都對即將到來的孩子感到興奮，這也是為什麼那些夢境讓我們感到非常地不安。

在我的夢裡，我站在一位婦產科醫生的身後，他穿著鮮明的白色手術袍，一頭淡色金髮夾雜著中年的灰色髮絲。我看不見他的臉，但知道他對眼前所見感到恐懼——一個出生時已經死亡的孩子被臍帶纏繞在脖子上，他被勒死了。那是我的妻子生下的孩子，我能看到她生產時因痛苦而扭曲的臉龐。

然後，我醒了。

我從床上坐起，轉向我的妻子。她已經坐起來，臉上滿是淚水地看著我，告訴我她剛剛做的夢。那個夢和我的一模一樣，只有視覺角度不同——跟我一百八十度相反。她能看到戴著口罩的醫生臉上滿是悲傷，而我就站在醫生的身後，臉上同樣帶著悲傷。她感覺不到生產的疼痛，但她看到孩子已經死去。

我們那一晚都沒睡。光是一個人做這樣的夢已經讓人無法想像，但我們兩個人卻從完全相反第一百八十度視角做了同樣的夢，這簡直不可置信，也確實預示了最糟糕的狀況。

二十四小時後，這個最糟糕的情況發生了。我們失去了第一個孩子，而且幾乎和我們做的噩夢所顯示的方式一樣。

我這麼多年來聽過各式各樣的預知經驗，但從未聽說過平行夢境的案例。對我來說，這個平行夢境改變了我的職業生涯，它們打破了許多醫生在聽取病人敘述時所建立的那道疏離之牆。我的同理心提高了，同時也更專心和關注人們在敘述個人超自然事件時的需求。

就像一位心臟外科醫生經歷了心血管繞道手術，或是骨科醫生自己摔斷了股骨，我現在用另一種眼光看待我的研究領域，而這雙眼睛不僅見證過，也親身體驗過。

家庭的預感

有些預知經驗是「預感」，而不是像我和我妻子那樣的夢境。以下是一位來自奧勒岡州的年輕女子所分享的經歷。她七歲時曾和爺爺一起度過某一天，而她的媽媽則帶著奶奶去逛街。就在下車前她問媽媽：「如果爺爺倒下了，我該怎麼辦？」她告訴我：「我好像知道這一天和其他日子不同——一定會發生什麼事。」但那一天什麼事都沒發生，不過當天晚上奶奶打電話來，女孩的母親隨即離開了，直到第二天才回到家。原來是爺爺心臟病突然發作，因此去世了。那位女子對我說：

我和媽媽談過那天的事情，她說當我問到爺爺倒下的問題時，她已經知道我在說什麼，也知道我是對的——她的父親那天將會過世。媽媽在接過電話之前就知道，那是我奶奶打來告訴我們爺爺被送往醫院的消息。她知道他已經不在了，即使當時她、我的奶奶和叔叔們都在醫院等待醫生的最後通知。[2]

預知經驗的類型

雖然「預知經驗」泛指一個人接收到尚未發生或尚未得知的事情，但預知經驗實際上有幾種不同的類型。為了更加理解這一令人著迷的現象，我比照共歷死亡經驗的前例，同樣進行了分類，並將其分為六個類型。這些分類並非固定不變，我也歡迎其他研究人員提出他們自己的分類，因此這六種類型只是一個開始。

類型一：視覺的感知不限於一個人

這是透過夢境、清醒的視覺或聽覺的感知類型。這種類型的預知經驗特別強大，因為它是由不止一個人所見證或接收，加倍證明了這個現象確實發生過。

其中的一個例子來自於德．格蘭先生和他的姊姊艾爾斯麗夫人。由於他們分別目睹了兩人的妹妹芬妮遠在地球另一段離世時的情景，因此英國心靈研究學會的成員對他們進行了詢問。

艾爾斯麗和德．格蘭在一八五四年的五月期間，都住在中國，不過卻相隔千里，艾爾斯麗住在廣東，德．格蘭則定居上海。德．格蘭寫道，一個炎熱的夜晚，他躺在床上遲遲無法入睡，然後發生了以下的事情：

我逐漸感覺到房間裡好像有什麼東西；它看起來像一層薄薄的白霧，彷彿一團霧氣，懸浮在床尾。我本以為那只是月光造成的效果，所以不是很在意。但過了幾分鐘之後，我清楚地辨認出一個身影，我認出那是我的妹妹芬妮。她臉上的表情一開始是悲傷的，但隨後露出甜美的微笑，她好像也認出了我，所以低下頭。雖然我並未感到任何的恐懼，但還是驚訝地說不出話來，然後那個影像似乎就像開始時那般逐漸消失了。後來我們才知道，我的妹妹就在同一天突然去世了。我立刻寫了一封信給我的姊姊艾爾斯麗夫人，詳細描述我所見到的。[3]

在信還沒送達之前，德．格蘭先收到了姊姊的來信，信上寫著：「她在同一個晚上看見幾乎和我相同的情景。」但她還說：「我確信親愛的芬妮已經過世了。」[4]在另一封信中，艾爾斯麗對她的弟弟說：「我不認為芬妮出現的時候我是清醒的，但是我立刻醒來，然後就像你描述的那樣看到了她。我伸出手臂並喊著：『芬妮！芬妮！』她對我笑了笑，好像為她的離開感到抱歉，接著就突然消失了。」[5]

就他們所知，芬妮很健康，所以兩人從沒想過她會突然去世。後來他們得知芬妮臨終時向身邊的人談起了她的兄弟姊妹。「她死了。」德．格蘭寫道：「一八五四年五月三十日，晚上十點到十一點之間，於紐澤西。」[6]

類型二：臨死之人不會接收到幻象

這類感知可能只有照顧垂死者的在世者才看得到，以下是我最喜歡的其中一個故事。有一對姊妹在妹妹的病床旁邊睡著了，她們的妹妹因罹患肺炎而奄奄一息。根據這兩個姊妹描述，一道亮光突然出現在病床上方，亮光中顯現出她們已故的兩個兄弟的臉。她們盯著這個幻象，直到它逐漸消失。罹病的妹妹在這段期間裡一直沉睡著，幾個小時之後便去世了。[7]

這裡有另一個相同類型的案例，是由當時在場的一名臨終關懷照護者所描述：

我們病房裡有一位即將臨終的老人，這是一段持續了整個早上的漫長過程。在某個時刻，有一名女子在他的床邊等待。我立刻知道她是一個靈體，不是有血有肉的人。她不發一語，只是看著這個老人；她在那裡待了很久，大概有好幾分鐘。我剛開始有點嚇到，不過漸漸失去了恐懼，因為整個過程是那麼地自然而然。後來我覺得自己好像闖入了他們的私人時刻，所以轉身走出了病房。我想和病房裡更有經驗的社工討論這件事，但在我開口之前，她就說：「我也看見了，這樣的事情經常發生。」我真的很驚訝。[8]

類型三：已故親人的顯現

這裡有一個很好的例子，是一位共歷死亡經驗者告訴我的。一位因重病而臥床已久的女性去世了。但病房的護理師突然看到一個男性的身影站在她的床邊，並凝視著她的遺體。這個身影看起來像是有血有肉的人，所以護理師最初還以為是哪個人闖了進來。然而那個影像不久後就消失了。家屬根據護理師所描述的樣子得出結論，他們認為那個身影就是病人早已離世的第一任丈夫。[9]

類型四：相隔遠方之人的顯現

我的協同作者保羅．佩里，在他母親去世時經歷了這類情況。我就用他的話來敘述這個故事：

幾分鐘前，我母親在亞利桑那州的斯科茲戴爾市去世了，當時任職於華盛頓大學醫學院西雅圖分校（University of Washington Medical School in Seattle）的神經藥理學主任弗農．奈普博士正在廚房餐桌上閱讀週日報紙。這時，他聽到一個聲音告訴他：「打電話給保羅．佩里。」他無視了這個聲音，直到同樣的聲音再次重複這個指示。儘管我們已經有好幾年沒說過話，他在這時候打了電話給我。

奈普問我，他為什麼會接收到打電話給我的指示。我完全毫無所知，事實上還非常地震驚。我們至少有五年沒聯絡了，而且我在這段時間裡從來沒想過奈普。不過我很感激這通電話的到來，雖然整個事件充滿了神祕，但知道因為某個原因、某種方式，讓一位對大腦和老年學有深入研究與貢獻的專家，接收到超自然的信息來聯繫我，讓我感到一種奇妙的寬慰。

我告訴奈普，我的母親正因失智症而不久人世，並立即詢問奈普是否有任何新的醫療方法。奈普推薦了各種治療法，其中包括了電擊療法，奈普說他曾用於一位罹患失智症的老年女性身上，成功率很高。當我們交談時，我接到了另一通插播來電，是護理中心的護理師打來的，她告訴我母親剛剛去世了。

我感到非常遺憾，如果奈普的這通電話早一點打來，或許就可以做點什麼來幫助我的母親。但我同時也感到了寬慰，因為竟然會發生了這樣的事情，也許這是宇宙代替她打了一通緊急求助電話。

以下還有一個來自英國研究員格尼、邁爾斯和帕摩爾的類似案例，這是關於一個七歲男孩、他的姑姑以及他父親在香港去世的事件：

一八六九年八月二十一日的晚上，介於八點到九點之間，我正坐在我母親位於德文港的房子臥室裡。這時，睡在隔壁房間的七歲外甥突然跑進房間，驚慌地說：「姑姑，我剛剛看到爸爸在我的床邊走來走去。」我回答說：「亂說，你一定是在做夢。」他說：「不是，我沒有亂說。」並拒絕回到他的房間。我發現自己沒辦法說服他回去，就讓他睡在我的床上。

我大約到了十點到十一點之間也準備上床休息。我想大概是一個小時後吧，我看向了壁爐那邊，驚訝地清楚看到我哥哥的身影坐在一張椅子上，而他臉上如死灰般的蒼白特別引起我的注意（外甥這時已經熟睡）。我非常害怕，因為我知道哥哥此時在中國香港，所以我把頭埋進被子裡。不久之後，我清清楚楚地聽到他喊了我的名字，而且連喊了三次。只是當我抬頭看時，他已經消失了。

第二天早上，我把發生的事告訴了我的母親和姊姊，還說要把它記下來，我也這麼做了。之後，一封從中國寄來的信捎來了哥哥去世的悲慘消息，他於一八六九年八月二十一日在香港港口猝然中暑身亡。[10]

類型五：預知不一定都是視覺的顯現

據我所知，這些預知現象就像是一種直覺的爆發，或是一種「知道」的感覺，讓接收到的人毫無疑問地相信其真實性。

以下是一個來自菲律賓的故事，與心靈交流的信息有關：

我的丈夫荷西駐紮在菲律賓空軍基地執行任務時，我和三個年幼的兒子待在家裡。當時已經很晚了，孩子們都在睡覺，只有我還在看電視。就在我快要睡著時，電視裡的一個男人突然說我的丈夫出事了。我嚇得驚醒過來，卻發現正在播放的節目不是新聞，裡頭也沒有那個男人。然而我當時就知道丈夫一定出了什麼事情，後來證實荷西的飛機在幾百公里外被叛軍擊落，他也因此而喪命。

我後來發現，在荷西去世後、任何人告訴他的母親之前（她當時和最小的女兒住在美國），他的母親開始沒來由地不斷提起他。他的妹妹其實正想要找機會告訴母親荷西去世的消息，沒想到他的母親卻突然毫無預兆地開始說起荷西喜歡做這個、喜歡做那個，好像她知道自己需要記住兒子生活中的細節一樣。[11]

類型六：不一定全都和死亡有關

並非所有的預知經驗都包含死亡的預見。有些預知經驗和預見生命有關，像是奧嘉．吉爾哈特（Olga Gearhardt）和她女婿的故事。奧嘉的故事出現梅爾文．莫爾斯醫生和保羅．佩里合著的《告別的異象：臨終、靈性與靈魂經驗的用途與意義》（暫譯，*Parting Visions: Uses and Meanings of Pre-Death, Psychic, and Spiritual Experiences*）一書中，兩位作者認為這是他們遇過的最令人驚嘆、也最積極正面的預知經驗之一。故事是這樣的：

奧嘉的心臟在一九八八年被病毒侵襲，破壞了大部分的心肌。她的心臟變得非常虛弱，以至於無法有效地跳動，唯一能繼續生存下去的機會就是進行心臟移植。

奧嘉被列入加州大學醫學中心的移植名單，名單上的人必須隨時與將進行移植手術的醫院保持聯繫。如果出現一顆心臟和他們的血型相符，他們就必須在捐贈者死亡後的幾個小時內進行移植，這樣才能確保手術成功。

奧嘉全家人都被告知了這件事，也都承諾會在她手術期間前往醫院，給予奧嘉精神上的支持。一九八九年初，奧嘉接到了醫院的通知電話，告知她已經找到相符的心臟。當她和丈夫前往醫院時，孩子們也撥打電話通知了分散在三個州的家人，讓他們知道移植手術即將開始。不到幾個小時後，醫院的家屬等候室裡擠滿了奧嘉的家人。

唯一沒有到場的是奧嘉的女婿。雖然他很愛他的岳母，但他對醫院有恐懼症，所以決定在家中等待消息。

那天晚上，醫生的手術刀劃開了奧嘉的胸膛，手術非常成功。但是在凌晨兩點十五分的時候，奧嘉出現了意外的併發症，新的心臟無法正常跳動。醫療人員愈來愈焦急，心臟隨後也完全停止跳動。幸好經過幾個小時的搶救之後，奧嘉的心臟終於開始正常運作。醫生並未告知家屬等候室裡的家人出現了併發症，大多數人也都在睡覺。大約到了早上六點，醫生才告訴家人手術成功，但奧嘉差點因為新心臟的不適應而情況危急。

奧嘉的女兒立即打電話告訴丈夫這個好消息。但他卻說：「我知道她沒事，她自己已經告訴我了。」

原來奧嘉的女婿在凌晨兩點十五分醒了過來，看到岳母站在床尾。他說，感覺她人就站在那裡。他以為奧嘉沒做手術，反而來到了他家，於是便坐起來問她感覺如何。

「我很好，我會沒事的，」奧嘉說：「你們沒什麼好擔心的。」隨後，她就消失了。

奧嘉的女婿並沒有因為這個幻象而感到害怕，他甚至還起床記下了她出現的時間和所說的話。

當家人去探望奧嘉時，她談論到手術時做了「奇怪的夢」。奧嘉說她曾離開過自己的身體，看著醫生們為她進行手術，還看了好幾分鐘。然後，她進入了家屬等候室，看到了她的家人，卻因為無法和家人們溝通而感到沮喪，於是決定前往她女兒在離醫院大約五十公里外的家，然後和女婿聯繫。

她告訴大家，她確信自己曾站在女婿的床尾，告訴他一切都會沒事。12

這是一個令人感到驚奇的故事，而且有充分的研究背書，所以我一點都不覺得奧嘉和她的家人在編故事或誇大事實。通常編造的故事由不同人的口中說出，或多或少會出現差異的版本，但在這個故事中，並沒有出現這種差異，況且也沒有任何需要編造故事的動機。依我的看法，唯一合理的結論顯然是奧嘉當時因為新的心臟無法正常運作而被連接到人工心肺機上，但她卻以某種方式離開了自己的身體，並且與在五十公里外的女婿進行溝通。

做夢者的研究

奧嘉的案例以及莫爾斯正在研究的其他案例，促使他提出了一個問題：夢何時只是夢，何時又是預知？[13]

為了回答這個問題，莫爾斯的研究團隊要求兩百名參與者在接下來的兩年中記錄他們能記住的每一個夢。然後，向他們提出了三個簡單的問題：

- 你是否曾經有過強烈的預感，覺得某個親近的人發生或將要發生某些可怕的事情，但最後類似的事情並沒有發生？
- 你是否曾經有過一種感覺、夢到或幻象，覺得你的孩子或配偶即將死亡，但最後並未發生？
- 你是否曾經有過直覺或感覺，覺得某件事情即將發生，但最後並未發生？[14]

莫爾斯和研究團隊藉由分析哪些夢成真、哪些夢並未成真的紀錄，辨識出哪些夢境可能是預示，哪些只是惡夢。他們隨後針對有如夢幻般的「異象」進行解構，尋找構成預知經驗核心的共同元素。根據研究結果顯示，預知夢境通常至少具有以下特徵中的兩個：

- **「真實」或「超真實」感：**超自然夢境經常散發出一種絕對真實的感覺。
- **視覺和聽覺夾雜於一般的現實之中：**例如，一位女性夢見自己的父親突然去世，整個夢境異常地生動鮮明（而這件事也在六天後發生了）。當她從這個夢境醒來時，發現自己走過一團從地板升起的薄霧，就在她打開臥室的燈之後，那團薄霧就消失了。
- **夢境具有獨特的感覺，與之前的任何經歷不同：**大多數的夢境會很快被遺忘，但預知夢境如此地生動，以至於無法忘懷。
- **神祕的白光或靈性光體的存在：**光的經歷是一項非常深刻的經驗指標，能促使經歷者做出極大地改變。也因為這些個人的轉變，許多人稱此光體為「上帝」。[15]

這項預知研究顯示出，許多預知經驗都是透過兩個或更多人共同見證。我稱此現象為「心靈傳達」，這代表了心靈具有發送和接收信息的能力。而在明顯的靈性事件發生時，這個心靈間的能量交流就會產生，例如當所愛的人確實與你相隔感官所能覺察的距離之外，但你卻能感知到他們的憂煩，這就是「心靈傳達」，亦即心靈之間的連結。

預知經驗是否能夠以心靈進行遠距離的連結來解釋？我並不清楚。而數千年來思索這個問題的研究學者和哲學家們，也都未能找到答案。然而心靈傳達確實發生，我們每個人都在某種程度上經歷過，有些人稱之為直覺，在心理學研究上的定義則為「不需要認知上的思考就能夠立即理解某件事的能力」。[16]但是，我們知道直覺和靈性事件是如何發生的嗎？遺憾的是，答案依然是否定的。數千年的研究成果只留下了各種推測，而這也正是我現在所做的——思索那些無法解釋的事情。

唯物論者與二元論者

此時，我們有必要進一步討論這個議題的兩大思想派別——目前這兩大派別都沒有確切的答案，而且仍然在推論的戰場上交鋒。

我在之前曾經提及這兩個派別，所以現在來回顧一下：唯物論者認為一切都是物質的，換句話說，除了物質和它的運動，其他的都不存在。他們往往拒絕承認那些無法實際可見或衡量的物體和事件的存在，尤其是與靈魂或心靈有關的事物。也就是說，他們可以接受大腦的灰質中有一個區域被啟動，所以產生了上帝存在的感覺，因為神經外科醫生確實能以電擊的方式做到這一點，但他們不會將其視為上帝真實存在。

二元論者則認為身體與心靈是分開的，這也表示心靈往往可以獨立於大腦而存在，甚至可能進行遠距交流。

如同先前所提，我個人傾向於二元論。我接受生活中有許多事物是無法解釋的，我敢說多數科學家也抱持同樣的觀點，特別是在量子力學揭示了幾項看似既靈性又科學的新物理法則之後。更何況雖然我們可能無法看見或衡量，但我們知道在已知的測量觀點之外，它們的確存在。我認為在極端情況下（死亡是最明顯的極端情況之一），心靈能與身體分離，並在瀕死經驗中自由地去到其他地方。那麼，為什麼這種情況不適用於人類生理呢？

雖然唯物論者認為靈性能力無法在實驗室中穩定地重現，但這難道就代表探索靈性交流或直覺等在統計上已知存在的事件，就是浪費時間？絕對並非如此。或許這代表著我們需要找出不同的探究方法。

當卡爾・榮格在一九一九年於靈性研究協會發表演講時，他起身為靈性研究提出辯護，他說靈性事件很常見，只是我們不知道它們為什麼或如何發生。榮格還曾經說過：「我不會犯下將任何自己無法解釋的事情視為詐騙的愚蠢行為。」[17]榮格的話就說到這裡。

我也在此將這個議題畫下句點。

冰島研究

以上的討論自然引出了幻象研究的話題，特別是那些與預知經驗相關的研究。靈性研究協會於一八八〇年發表了第一個針對幻象的廣泛研究，主要由格尼、邁爾斯和帕摩爾進行。他們的著作《生者的幻象》，顯現了首次對幻覺進行大規模研究的成果。但直到將近一百年後，艾倫杜爾．哈拉迪森才在他的故鄉冰島進行了自己的全國幻像調查，試圖重現格尼、邁爾斯和帕摩爾的研究。

艾倫杜爾向九百零二名成年人發放了詳細的問卷，詢問他們對靈性現象、宗教以及其他文化方面的態度。在九百零二名成年人中，只有一百二十七人回覆問卷並接受了訪談。[18]問卷中的一個問題與受訪者的個人經歷有關，問到「你是否覺得自己真的和已逝的人有所聯繫？」在被問到是否曾經遇見過已死之人時，令人驚訝地竟有百分之四十一的受訪者回答「是」。[19]他們還回答了和死者有關的問題：是否認識死者？死者是親戚、朋友還是陌生人？他們多大年紀？死因是什麼？他們能否辨識死者的特徵？[20]

由於這些回應太令人感到興奮，艾倫杜爾隨後籌組了一支研究團隊，與同意參與研究的雷克雅維克地區（Reykjavik）的所有人進行深入的訪談。那些被證明是夢境或由媒介所引起的案例被排除在研究範圍之外，因為艾倫杜爾希望所有的經驗都是個人的直接經歷，而且受訪者當時必須是處於清醒的狀態。

在一百二十七名受訪者中，有一百人符合可驗證的靈性經歷標準。艾倫杜爾對於可驗證經歷的數量和質量感到非常滿意，不過他需要更多的親歷者才能進行統計上的顯著性差異分析，因此需要至少三倍以上的樣本數。[21]

這項計畫成為有史以來與亡靈接觸研究相關的最大規模科學調查，這項研究顯示了靈性現象的各種類型，包括百分之五十九的靈性所見屬於視覺，百分之二十四屬於聽覺，百分之七是觸覺，百分之五是嗅覺，而百分之十六則是覺察到房間中有其他東西的存在。[22]

而將近一半的靈性經歷發生在白天的這個數據，推翻了長期以來認為靈性現象只會在黑暗中發生的觀念。此外，大約三分之一的靈性經歷發生在感知者正在工作或積極參與活動時，而非如大多數人所認為是在睡眠中或昏昏沉沉時。事實上，將近百分之七十五的視覺案例，都是在清醒時雙眼目睹了靈性現象。[23]

艾倫杜爾的研究也揭露了許多其他有趣的現象。像是大多數宣稱自己看過靈性現象的人，只看見過一次。而那些歷經喪親或罹患絕症的人，更容易見到亡者的靈魂。[24]在寡婦和鰥夫中，約有百分之五十的人提到曾有見到已故配偶的幻覺經歷。[25]而在七十三個案例中，只有十一個處於悲傷狀態感知者，認出他們所看見的靈魂就是已故的摯愛；而有十三個案例的感知者當時並不知道，他們所看到的人實際上已經離世。[26]

這些參與艾倫杜爾研究的人中，沒有一位曾和醫生或神職人員提及自己的靈性經歷，因為他們擔心被嘲笑。由於艾倫杜爾的研究已經相當古老，我想現在的大眾應該很願意向大多數人承認自己有過幾次這樣的經歷，包括向醫生和承認本身也有幾次同樣經歷的神職人員。

正如你可能預期的，艾倫杜爾的研究中也包含了預知經歷事件。接下來，我將敘述其中的幾個，以顯示這些經歷的多樣性。

療養院的死亡

一名在冰島的惠拉蓋爾濟（Hveragerdi）療養院工作的女子，邀請了一位病人雅各布來拜訪她和她的丈夫，因為雅各布和她的丈夫都來自於同一個村莊。她回憶道：「雅各布說『好的』，而且看起來很高興。我對他說『你答應明天要來喔』，『好，我答應妳』他這麼說。」但之後：

我在夜裡醒來，感覺全身無力、無法動彈。我躺在床上，突然看到臥室的門打開了，雅各布就站在那裡，他滿臉都是血。我盯著他看了好一會兒，無法說話或移動。然後他就消失了（還把門關上）。

等我回過神之後，馬上叫醒了丈夫。我說：「我發誓療養院裡一定發生了什麼事。」隔天早上我起床後的第一件事，就是打電話到院裡詢問雅各布和一切是否安好。

「不好。」接電話的護理師說：「雅各布在夜裡自殺了。」27

比他更幸運

一位長期擔任冰島國會成員的男士，回憶起他在議會中結識的一位好友ＫＫ：

在一個美好的冬天裡，我像平常一樣在午餐後到農舍鏟雪。我挖了幾鏟之後，突然感覺到ＫＫ就站在我的面前，他用有點奇怪的語氣對我說：「你真幸運，你的運氣很好。」接著他就消失了。

那天晚上，我從廣播中聽到他的死訊。我開始思索ＫＫ說那句話的含義。後來我得知他死於心臟病發作，被送到了雷克雅維克的醫院，並在那裡過世。

我自己在一年前，也曾因類似的心臟病發狀況住進那家醫院，幸虧之後病況好轉，之後就出院回家。當我把ＫＫ說的話和那時的經歷聯想在一起時，才明白了他對我說那句話的意思。[28]

從未到訪的客人

一位感知者到偏遠的農場拜訪仍住在那裡的姊姊，他和姊姊都在那個農場裡長大。午餐後，他們在廚房靜靜地坐著，感知者突然看到一名男子從窗外經過。感知者看到了那個人的臉和衣著，但一時之間沒認出來。他告訴姊姊有位客人到訪，但卻沒有人敲門，所以他們走出去查看，卻什麼也沒看到。

農場附近沒有樹林，視野也很開闊，不太可能就這麼突然不見蹤影。當感知者向姊姊描述這名男子的外貌時，他們才認出他是住在幾公里外村莊的一位老朋友。然後當天稍晚，他們得知這位男子中午時在他的村莊去世了。[29]

消失的祖母

我的妻子曾和一位女孩一起同住了大約兩年。有一天晚上，我突然從熟睡中醒來，然後看到一位穿著黑衣的女人站在床邊。她對我說：「我的名字是瑪格麗特。」接著就在門口消失了。我看了一下時鐘，正好是半夜三點半。

我在第二天得知那位女孩的祖母就在那個時間因心臟病發去世了，她的名字就叫瑪格麗特。[30]

無法回答的偉大問題

艾倫杜爾在提出這些案例時，特別指出在其中約三分之一的案例裡，同時有另一個人也目睹了被訪者的經歷，這個比例與目前在其他國家進行的類似研究結果大致相同。[31]

艾倫杜爾在研究報告中寫道：「總括而言，人們似乎可以在各種情況下經歷靈性現象。若根據我們的報告來看，感知者的情況和心理狀態在靈性現象中，可能只扮演了次要角色。」[32]

我對艾倫杜爾以及他八十九年來的靈性研究十分敬佩，但是我認為這樣的總結仍然有所不足。因為所有超自然研究中的主要問題依然懸而未決，亦即：靈性現象是如何以及為什麼會發生的？

我發現到自己不應該只依賴艾倫杜爾的研究來回答這些問題，因為所有人——包括歷史上最著名的智者，都無法解開這些謎團。著名的天體物理學家史蒂芬·霍金在他的《時間簡史》（*A Brief History of Time*）一書中，講述了一個意欲解釋這個謎團的故事：

一位知名科學家（有些人認為是伯特蘭．羅素［Bertrand Russell］）曾經進行了一場公開的天文學演講。他描述了地球如何圍繞著太陽運行，以及太陽如何圍繞著一個名為銀河系的龐大星群運行。

在演講結束時，一位坐在後排的老太太站起來說：「你說的都是胡扯。這個世界實際上只是一個被烏龜背在龜殼上的平盤。」

科學家露出一絲優越的微笑，問：「那烏龜站在什麼上面？」

「你很聰明啊！小夥子。」老太太回答：「但是，這一隻烏龜下面還有另一隻烏龜，從上到下都是！」[33]

這個故事顯示了在公眾面前嘗試解答無法解釋的問題的危險。然而這個故事沒有解釋宇宙是如何存在的，也沒有解釋為什麼會發生預知經驗。

不過，我願意承認，我不明白預知經驗是如何發生的，只知道它們確實存在，而且發生的頻率足以成為死後生命的關鍵證據，因為死後的交流接觸已經受到證實。除此之外，一切都是烏龜啊！

見證三
轉變之光

人類是我的事。共同福祉是我的事；慈悲、憐憫、寬容與良善，都是我的事。

——查爾斯．狄更斯

全世界最著名的瀕死經驗，或許非查爾斯．狄更斯《小氣財神》中的艾比尼澤．史古基莫屬。

在這部十九世紀的小說中，史古基是一個吝嗇、憤怒、陰沉、自私、可恨的商人。在聖誕節那一天，他會詛咒那些不願意加班工作的員工，然後一個人回到自己黑暗陰鬱的家中。

當天夜裡，和史古基同樣吝嗇的前合夥人的鬼魂來到他面前，面容憤怒冷酷地拖著沉重的鎖鏈和一生賺來的笨重金庫，注定永遠在人世間徘徊。這個鬼魂告訴史古基，除非他改變對人類的憎恨態度，否則他死後也會受到同樣的折磨。

史古基不但懷疑合夥人鬼魂的話，還侮辱了他的老朋友，喝斥他只是「一小塊還沒被消化的牛肉、一坨芥末、一小丁奶酪、一球沒煮熟的馬鈴薯。連肉汁都比你的墳墓還顯眼，誰知道你是什麼鬼」。[1]

為了讓史古基閉嘴並證明自己的存在，這個鬼魂搖晃了他的鎖鏈，然後介紹了另外三個鬼魂：過去的聖誕鬼魂、現在的聖誕鬼魂和未來的聖誕鬼魂。

這三個鬼魂為史古基進行了一場深刻的生命回顧，清楚映照出他就是一個「吝嗇的……極盡壓榨、掠奪、貪得無厭、錙銖必較、貪婪的老罪人！像燧石一樣堅硬，就連鋼鐵也沒辦法迸擊出燦爛的火花；既保守又自閉，就像牡蠣似地一個人待著」。[2]

回顧自己悲傷的人生對史古基產生了巨大的影響，讓他在聖誕節那天醒來後有了全新的轉變，他變成了一個更仁慈、更溫和的人。他提高了員工的薪水，捐很多錢給慈善機構，最感人的是他還像個仁慈的叔叔般，關照他最辛勞的員工鮑伯·克拉奇患有肢體障礙的兒子小提姆。

史古基所經歷的一切，確實具備了瀕死經驗的所有要素，尤其是最常見的一個——轉變。

轉變幾乎存在於我遇到的所有瀕死經驗中——而且是一種特定的、重要的積極轉變。無論瀕死親歷者是像史古基這樣只在意自己的意見和財富，還是陷入無助循環的其他人，瀕死經驗都帶有轉變的力量。這種變化如此之深刻，因此明顯可見，也因此成為一種共歷死亡經驗。

我指的並不是瀕死經驗會把人變成一個過於多情、凡事正面看待的樂觀主義者。雖然它確實使他們變得更加積極和愉悅（特別是原本在瀕死經驗前並不那麼愉快的時候），但它也促使人們積極參與現實的世界。它幫助人們以平和的情緒和清晰的思考方式，因應生活中的不愉快——這對人們來說是一種新方法。

我曾與之交談的所有學者和臨床醫生都提出了一個相同的結論：瀕死親歷者因為這段經歷，成為了更好的人。

危機事件

雖然瀕死經驗在心理學中被稱為危機事件，但卻不像其他的危機事件那樣導致負面影響。例如，一次慘痛的戰鬥經歷可能會使一個人停留在那個時間點，或如一些軍事心理學家所說的「困在壕溝裡」。就像許多患有創傷後壓力症候群（PTSD）的戰爭退伍軍人，還是會一再回想起他們在戰鬥中目睹的死亡和毀滅的可怕場景，他們的幻覺甚至真實到能嗅到火藥味，同時感受到戰鬥的熱度。這是對危機事件的負面反應。

其他創傷性事件如洪水、龍捲風、火災和車禍意外，也可能讓人感到不堪負荷，無法擺脫這些過去的陰影。因此當同樣的情況發生時，他們也會遭遇情感上的困境。

瀕死經驗被歸類為危機事件——像是車禍或天災，通常也由其中之一所引起。但相比情感上的困境，瀕死親歷者的反應則是採取正向的行動來改變他們的生活。

關於瀕死經歷的轉變力量研究，我最欣賞的其中之一是由俄亥俄州邁阿密大學的社會學家查爾斯．弗林（Charles P. Flynn）所進行，他檢視了由著名瀕死經驗研究者肯尼斯．林格提供的二十一份問卷數據，從中瞭解了一組瀕死親歷者所發生的特定轉變。他寫道：「從現有的證據顯示，並依顯著性的順序排列，其中的轉變包括——對他人的關心明顯提升、對死亡的恐懼降低、對來世的信念增強、產生更多對宗教（包括主流與非主流）的興趣和感受、以及對物質成就和他人認同欲望的減少。」[3]

更多完整及最新的研究，可以在由梅爾文．莫爾斯博士帶領的西雅圖研究團隊所進行的轉變研究中找到。這項研究的目標是回答一個簡單的問題：「瀕死經歷所導致的轉變影響，是否能夠被證明？」[4]為了回答這個問題，莫爾斯與其團隊針對超過四百名經歷過瀕死經驗的人，進行了各種心理與心理健康評估工具的測試。莫爾斯和他的團隊在這群來自不同背景和經歷的參與者中，發現了許多瀕死親歷者的轉變。以下是轉變研究中最令人驚訝的發現：

- **減少死亡的焦慮：**經歷過瀕死經驗者對死亡的恐懼大約只有未經歷過瀕死經驗的人的一半。
- **更高的生活熱情：**研究顯示，經歷過瀕死經驗的人比那些未經歷過的人，擁有更多A型人格的正向特質。
- **更高的智力：**經歷過瀕死經驗的人不僅感覺到自己變得更聰明，還似乎進化成了「更高層次的存在」。這在孩童身上尤其明顯，他們似乎因瀕死經驗的死裡逃生及其引發的靈性體驗而成熟得更快。

• **靈能力的增強**：平均來說，瀕死經驗組中的靈性經歷次數，是其他測試組的四倍。[5]

雖然所有經歷過瀕死經驗的人都幾乎會有明顯的性格變化，但這種變化發生得如此頻繁，使得它並未被視為「非尋常現象」，只指出非尋常現象是一種可能的發生。然而對我來說卻不僅如此，這是一個指標，顯示所有的這類經歷都會產生明顯且永久性改變的可能性，因此也成為一種很常發生但較少被呈現的共歷經驗。

從壞到好

無論瀕死經驗是否會讓人變得更聰明，它確實開啟了經歷者的顯著個人成長。由於這種個人成長是如此明顯且正向的轉變，所以我也將此視為共歷死亡經驗。

在我諮詢的相關案例中，有一個令人驚訝的個人成長例子，主角是一位我稱為尼克的男子。他曾經是一個手法高超的騙子，並且自認是一個不折不扣的罪犯，從誘騙寡婦到販毒等所有的非法行為都幹過。犯罪為尼克提供了舒適的生活，他有高級的車子、昂貴的衣服、豪華的房子，對這一切完全毫無罪惡感。然後，他的生活瞬間發生了變化。他在某一個陰天外出打高爾夫球，但一場大雷雨突然來襲，他還來不及離開球場就被雷擊中「死了」。他的靈魂在身體上空飄浮了一陣子，接著他發現自己快速穿過一條黑暗的隧道，通往遠方的光明處。他來到了一個風光明媚的鄉村，並且受到了親人和其他「全身像露營燈整個發亮」的人迎接。

他遇見了一個光體（尼克至今仍遲疑地將之形容為上帝），這個光體慈祥地引領他回顧了過往的人生，尼克在過程中不但以立體視角看著自己的行為，還感受到這些行為對他人的影響。

這次的經歷徹底改變了尼克。他在醫院的康復期間，深切地感受到回顧過往一生所帶來的影響。在與光體在一起時，他感覺到自己被純粹的愛所包圍，也認為到時候真正死亡時，一定會再次歷經相同的生命回顧，若是他沒從這第一次的回顧中學到教訓，第二次將會是一個非常難受的過程。

尼克說：「現在，我一直過著的生活，是知道自己將來的某一天會再經歷一次生命回顧。」[6]

從貪婪到良善

另一位因瀕死經驗而徹底改變的，是我稱他為馬克的男士。馬克的一生都沉迷於金錢和社會地位。他經營一家醫療設備公司，相較於售後服務，他更關心如何快速銷售和賺大錢。

然而馬克在四十多歲時經歷了一次嚴重的心臟病發作，也在那次的經歷中，與祖母及許多其他親人重逢，並感受到了他們純粹的愛。

當馬克復原之後，他對人生的看法完全改觀。以前拚命追求的所有東西，現在已經列在優先清單的下面——遠遠在家庭、友誼和知識之後。

他告訴我，當他在「另一邊」時，他與光體達成了一個協議，決定不再如此看重金錢，而是把精力投注於行善。

諷刺的是，馬克的新人生態度反而為他帶來更大的利潤。「我現在變得更容易相處了。」他帶著微笑告訴我：「所以大家更願意向我購買。」[7]

訪問過大量瀕死親歷者的研究學者們，證實了這種瀕死經驗的後果。有些甚至提到之中有許多人散發出一種寧靜的祥和感，彷彿他們已經看到了未來，知道一切都會變好。

個人變化的類型

我將這些瀕死親歷者身上發生的變化，歸納成八種類型。我所交談過的瀕死親歷者，都曾經表現出這些變化，而這些變化是如此地強烈與明顯，因此他們的積極性也成為了另一種形式的共歷死亡經驗。

類型一：不再害怕死亡

經歷過瀕死事件後，瀕死親歷者不再害怕死亡。對不同的人來說，代表了不同的事情。對有些人來說，主要的恐懼是他們想像死亡會伴隨劇烈的痛苦。另一些人則擔心他們離開之後，誰會照顧他們所愛的人。對還有一些人來說，永久失去意識是他們最大的恐懼。那些控制欲比較強以及威權主義者，則害怕死亡帶來的失控感。而可能被詛咒的恐懼也嚇壞了很多人，另外有一些人則單純害怕未知。

當瀕死親歷者說自己不再害怕死亡時，通常是代表不再害怕意識或自我的消失，這並不表示他們想要快點死掉，他們想表達的是這樣的經歷讓生活變得比以往更充實、圓滿。事實上，我所認識的這些人都比以前更想繼續活下去，因為在經歷了瀕死事件後，許多人感覺他們現在才是真正地活著。如同其中一個人所說：「在這段經歷過後，我明白了自己一直以來因為害怕死亡所過的生活，反而阻礙了我對人生的感恩。」[8]

看到自己的一生飛逝而過的瀕死親歷者，意識到那個光體的存在，並愛護、關心著他們。他們意識到這個存在並非意在批判，而是希望他們成為更好的人。這個感受幫助他們消除恐懼，轉而專注於成為有愛的人。

在瀕死經驗中最常遇到的光體存在，並不會告訴人們必須改變。聆聽了數則這樣的案例後，我認為是人們自願做出改變，因為他們置身於純粹的良善之中，因此讓他們渴望徹底改變自己的行為。

在我交談過的瀕死親歷者當中，有一位本來是那種言語中滿是死後下地獄會受到永恆煎熬的牧師，他會聲嘶力竭地警告信眾，如果他們不以某種方式相信《聖經》，就會受到譴責，永遠遭受烈火的燃燒。

當他經歷了瀕死經驗後，他說光體告訴他不要再這樣對信眾講道了，這個光體說，「地獄之火和詛咒」只會讓信眾的生活變得痛苦。所以當這位牧師重新登上講道壇時，他帶來了一個關於愛的新訊息，而不再是恐懼。[9]

我遇到的大多數瀕死親歷者，他們在事件過後的心態都比之前更加健康。例如；他們不再害怕失去掌控——不想再生活在恐懼中，部分原因是他們知道了死後的世界。然而儘管他們對死後的世界充滿信心，但也不急於以當前的生活去「兌換」。正如一位瀕死親歷者告訴我的：「你不會想要立刻跑出去被卡車撞倒，好讓自己回到『那邊』。我仍然有很強的生存本能。」[10]

類型二：理解了愛的重要性

「你學會去愛了嗎？」這幾乎是所有瀕死親歷者在另一邊面臨的問題。返回後，他們大多數人都說「愛」是生命中最重要的事。許多人說這就是我們存在的原因，並發現愛就是幸福與滿足，其他價值觀與之相比都黯然失色。

正如你可能猜到的，大多數瀕死親歷者的價值觀都因為這個啟示而徹底地改變。

可能曾經充滿偏見的他們，現在將每個人都視為可愛的人；曾經認為物質財富是成就的巔峰，現在則充滿了悲天憫人的胸懷。就像我經常被告知的：「這段經歷每天每刻都與我同在。它深深地烙印在我心中。當我對某人感到氣憤或沮喪時，我的死亡經歷總是提醒我，這個世界是美麗的，每個人都有其存在的意義。」

類型三：感覺和宇宙的聯結

瀕死親歷者帶著宇宙中的一切都是相互聯結的感覺回到人世，即使這對他們來說可能是一個難以形容的概念，但大多數人對自然和周遭的世界有了全新的敬仰。一位喬治亞州的保險業務員在六十二歲時因心臟驟停而經歷了瀕死經驗，他以一段優美的語言表達了這種感受：「當我在醫院醒來時，看到的第一樣東西是一朵花，我哭了。信不信由你，在我從死亡返回了人世之前，我從未真正仔細欣賞過一朵花……現在我看著一片森林、一朵花或一隻鳥，我會說：『那就是我，是我的一部分。』」[11]

雖然你正在閱讀的這些改變似乎很極端，但你將在〈見證五：突如其來的靈感、療癒能力與新能力〉中，看到變化更大的案例。

類型四：瞭解到知識的珍貴

瀕死親歷者對知識也有了全新的敬意。有些人說這是因為他們回顧了一生的結果，而且出現的光體也告訴他們，學習並不會隨著死亡而停止，知識是可以帶走的東西。其他人則描述了死後生命的整個樣態，就是專門為熱愛追求知識而設立。

有一位女性描述了這個死後生命的領域，她將其形容為一所大型的大學，人們在那裡深入探討周圍的世界。另一位男性則描述這個領域是一種意識狀態，任何你想要的都可以得到。如果你想學習某件事，它就會出現在你面前，「等著你去學習。」[12]他說，這幾乎就像是你的思想中有一箱一箱的資訊。這些資訊五花八門，各種類型都有。譬如你想知道當美國總統是什麼感覺，只要心裡想著，它就會出現。我能想到的最好比喻，就像是我們自己變成了Google一樣。

雖然大多數的瀕死親歷者都描述，當下有一種很多資訊被下載到自己身上的感覺，但在醒來時大部分的資訊就消失了。有人說：「我知道了世界上所有的事，但大部分的資訊都沒有隨著我回來。」

不過有一些人確實帶回了新的資訊，通常是在藝術領域。其中一位成為成功藝術家的瀕死親歷者，是來自英格蘭伯明翰的莫．杭特（Moe Hunter）。杭特在二〇〇四年以前都在漢堡王工作，對藝術沒興趣也沒天份。但這一切在他患上致命的細菌性腦膜炎和腦部結核菌而改變。

這樣的併發狀況通常屬於致命性病症，對杭特來說也幾乎如此。他昏迷了一個多月，他的心臟在期間還曾經停止跳動。

不久之後，由於感染導致了杭特的腦部積水，還不得不植入支架來排出液體以降低顱內壓力。

杭特最後終於康復，也在某種程度上變成了一個完全不同的人。他告訴當地報紙在昏迷之前：「我不會作畫，也不懂創作，更別提創作出我後來所做的一切。」現在，杭特不但從事所有的這些事，而且更為投入，他利用回收材料結合流行文化，製作出如《星際大戰》和漫威角色的創作，並成為英國動漫巡迴展的知名藝術家。[13]

杭特的故事很不尋常。然而對大多數瀕死親歷者來說，即始只是短暫地接觸到新知識，也會讓他們的生活有所改變。這種宇宙知識的短暫接觸，可能激發了他們對知識的渴望，讓他們返回人世後，開始追求新的職業生涯或投入認真的學習。

類型五：對人生更有掌控感

瀕死親歷者對自己的行為可能造成當下和長期的後果變得非常敏感，那透過第三視角的戲劇性生命回顧，讓他們能夠客觀地審視自己的一生。

瀕死親歷者告訴我，生命回顧讓他們就像看電影一樣重現自己的一生，他們不但能感受到自己在畫面情境中的情緒，也能知道周圍的人的情緒反應。他們可以發現看似無關事件中的關聯性，並清楚地看到自己的「對」與「錯」。這樣的經歷讓他們明白，他們將在自己的生命終點承接自己的所作所為。

我至今尚未遇到一個經歷過這種體驗的人，否認這個事件讓他們在選擇行動時變得更加謹慎。他們感受到的，是一種積極的責任感，而不是內疚或焦慮。

一位剛完成碩士學位的女性，在二十三歲生日後經歷了瀕死經驗。她對我說：

這次經歷讓我學到的最重要的一點，就是我要為自己所做的一切負責。當我回顧自己的一生時，想要找找藉口和逃避都是不可能的。除此之外，我也明白了責任感並不完全是壞事，我不能找藉口或把自己的失敗推給別人。有趣的是，我的失敗在某種程度上對我變得很重要，因為它們是我的失敗，而我無論如何都要從中學習，無論要付出什麼代價……

而我的每一天都面臨著一個真正的挑戰——知道自己死後，將再次目睹每一個行為的後果，只是這一次我會真正感受到自己對他人造成的影響，這確實讓我停下來思考。不過我並不害怕，相反地，我很期待那一刻的到來。[14]

我必須說，不是每個人都對即將到來的生命回顧感到興奮不已。我曾與許多人交談過，他們對重溫自己的一生感到恐懼不已。其中有些人是受虐兒，或者可能自己就是虐待兒童的人。我也曾在監獄探訪時與罪犯、甚至殺人犯交談，想到要重溫那些導致自己入獄所犯下的錯誤，讓他們臉色蒼白。

我想告訴那些害怕生命回顧的人，每一個生命無論多麼地美好，都有黑暗的角落。還有，沒錯，重溫一生的回憶可能會很痛苦。

但生命回顧中有一個元素能夠緩解這些痛苦的記憶。我訪談過經歷生命回顧的每一個人，都提到了光體的存在，並在回顧過程中溫柔地引導他們。這個光體就像一位溫和的顧問，理解他們的罪過，最重要的是充滿慈愛。

在生命回顧結束時，瀕死親歷者感到被愛與被理解。正是這種愛的感覺留在他們心中，並且帶來了顯著的轉變。而這種生命回顧的可見性，也使其成為一種客觀的正向經歷，並能與旁觀者分享。

第六類：更重視所有的小事

在與瀕死親歷者交談時，頻頻出現「緊迫感」這個詞。通常他們指的是生命的短暫和脆弱，或者對於人類在這個世界的大肆破壞表達一種急迫性。不過，與專注於世界上的這些「大事」相比，生命回顧讓他們更關注在許多「小事」上，像是撫摸狗時的喜悅，或是悠閒地散步、觀賞自然美景和享受美食感受到的滿足感。這些話充分顯示出我們可以掌控制自己對這些小事的感受，並在其中找到對生命的深切感恩。我們也就能在這樣的態度下，獲得人生最大的充實感。

當我思考著該如何解釋生命回顧中出現的小事時，腦海中浮現出其中一位女性非常觸動人心的例子。這位女士曾經在一家百貨公司裡發現一個走失的小女孩。小女孩的臉上掛著淚水，這位女士將她抱上櫃檯，跟她聊天，直到小女孩的母親趕來。

這確實是一件很單純的事，但正是這樣的事——這些你在無意中所做的小事，在生命回顧中顯得如此重要。

那個出現的光體經常會問：「在這件事發生時，你的內心有什麼感受？」似乎在說，那些發自內心的簡單善行是最重要的事，因為它們最為真誠。

第七類：更重視精神層面

瀕死經驗幾乎一定會引起對靈性的好奇。因此許多瀕死親歷者會學習並接受偉大宗教思想家的靈性引導。然而這並不表示他們會成為當地教會的支柱。相反地，許多人會放棄帶有制度性的宗教組織。

一位在經歷瀕死經驗前曾在神學院就學的一位男性，給了我一個簡潔且發人深省的說法：

醫生告訴我，我在手術過程中「死」了。但我告訴他，我活過來了。我在影像中看到過去的自己簡直就是個自負的混蛋，只要非我教派或宗教信仰和我不一樣的人，我一概看不起。

很多認識我的人可能會驚訝地發現，我們心中的東西比頭腦中的更重要。[15]

第八類：重新進入「現實」世界

我將重新適應平凡世界的過程稱為「重啟症候群」。瀕死親歷者當然會在重新適應上遇到困難，對大多數人來說，差點掛掉又經歷了一遭宛如天堂的洗禮，回到「現實生活」後，理當需要重新調整。

柏拉圖兩千多年前就在《理想國》（*The Republic*）一書中，探討過這種綜合症。他在書中邀請我們想像一個人們自出生以來就生活在地下世界，他們只能面對洞穴裡的岩壁，也因此只能看到在熊熊火焰前移動的物體映照在岩壁上的影子。

柏拉圖推理，假設這些被困在地底洞穴的某一個人被帶到地面上，完全沈浸在我們的世界和它的美好之中，如果他被強迫再次回到那個只有影子的世界，然後嘗試描述他所見過的事物，他將會被那些從未離開過洞穴的人嘲笑和輕蔑。此外，他也會發現自己更難適應這個被限制的世界。[16]

這些問題正是我在靈性工作上所遇到的，具體來說，就是幫助那些有過異常靈性經歷的人，將其整合進他們的生活中。

例如許多人不願意傾聽瀕死親歷者的經驗，他們對這些事件感到不安，甚至認為這個人是不是瘋了。但從瀕死親歷者的角度來看，某些非常重要的事情發生了，並改變了他們的生活，卻沒有人願意同情他們，聽他們訴說。而他們僅僅只是需要一個能夠理解這種經歷的人，來傾聽他們的心聲。

而令人驚訝的是，瀕死親歷者在處理這些經歷帶來的心境轉折時，往往得不到配偶或家人的支持。

瀕死親歷者的顯著性格變化，更常常在家庭中引發緊張的氣氛。畢竟對他們來說，這幾乎就像是和一個不同的人結婚或被一個不同的人撫養。

我在一次會議上，聽到一位參加者這麼說：

當我「返回」後，沒有人真正知道我怎麼了。在心臟病發作之前，我是那種非常急躁和憤怒的A型性格，如果事情沒順著我的意，我就會變得難以相處。

這種情況在家裡和工作時都一樣的，如果我們必須外出，然後我妻子沒有準時打扮好，我就會發脾氣，讓她接下來的整個晚上都不好過。

我不知道她為什麼能夠忍受，我猜這麼多年了她已經習慣了吧。但在經歷瀕死經驗之後，她幾乎難以應付我的溫柔。我不再對她大喊大叫，也不再強迫她或其他人去做任何事，我變得非常容易相處，但這種改變卻讓她接受不了。

我為了維持這段婚姻，付出很多的耐心。她一直說：「自從你心臟病發作之後，你整個人變得如此不同。」我想她真正想說的是：「你瘋了吧！」[17]

如何支持瀕死親歷者

我在一九九〇年代曾在西雅圖舉辦了一場關於如何與瀕死親歷者相處的研討會，與會者除了一般公眾之外，還有數十位在處理瀕死親歷者方面極有經驗的醫學專業人士，包括摩爾斯和保羅．佩里。在一次的小組討論中，我們總結了與瀕死親歷者的變化共處的指南。以下是普遍認為如何關心瀕死親歷者以及對他們的生活最有幫助的幾個要點：

- **讓瀕死經驗者自由地談論他們的經歷**。以同理心傾聽，並讓他們盡情地說出瀕死的經驗。但是千萬不要利用這個機會減輕你對死後生活的擔憂，或是證明你的任何理論。瀕死親歷者經歷了一場強烈的洗禮，他們需要一個擁有開放心態的人來傾聽他們的經歷。

- **安慰他們，讓他們知道自己並不孤單**。告訴他們這樣的經歷非常普遍，許多經歷過瀕死經驗的人都從中得到了成長。
- **告訴他們這是什麼樣的經歷**。雖然數百萬人都曾有過瀕死經驗，但很少有人知道這種經歷的名稱。如果你生命中的這個人尚未真正理解自己所經歷的事情，你可以告訴他們，他們經歷了「瀕死經驗」。藉由認識了這個臨床名稱，瀕死親歷者能更加理解這個令人困惑和意料之外的事件。
- **讓家庭參與其中**。瀕死經驗帶來的變化可能會讓家庭成員難以適應，即使這種變化看似「很好」。譬如一位在瀕死經驗前可能是強勢A型性格的父母，可能在經歷後突然變得溫和的B型性格。這樣的變化對於已經習慣了瀕死親歷者過往任性、易怒個性的家人來說，可能會感到難以適應。因此，鼓勵家庭對話，以確保每個人都理解這段經歷帶來的情感變化，是非常重要的一件事。
- **與其他瀕死親歷者見面**。我喜歡讓才剛經歷過瀕死經驗的親歷者與其他瀕死親歷者見面。這樣的團體時間是最令我感到驚嘆的事件之一。他們就像是參加了一場國外旅遊，然後互相分享自己的心得。如果能讓一位醫生來帶領，並將人數控制在四人左右，大家只需聊聊瀕死經驗所帶來的興奮和問題，那就最好不過了！

- **讓瀕死親歷者與配偶和其他瀕死親歷者及其配偶見面**。為了緩解壓力，我偶爾會組織一個瀕死體驗者及其配偶的小組，讓他們能夠與其他人分享瀕死體驗對家庭生活的影響。這樣他們就能發現其他人也面臨了相同的挑戰，並且嘗試學習如何適應他們所愛的人改變後的新樣子。
- **讓瀕死親歷者閱讀相關的經歷**。這種類型的療法稱為「閱讀療法」。由於瀕死親歷者正歷經心靈上的轉變，我發現關於這個主題的相關優質資料，能夠讓他們有機會在閒暇時，回顧自己冒出來的各種想法和經歷。[18]

明顯的轉變

所有關於轉變的研究似乎都聚焦在瀕死經驗上，共歷死亡經驗相較之下幾乎少之又少。雖然共歷死亡經驗尚未獲得足夠的關注，但我認為這樣的轉變應該隸屬於共歷死亡經驗的一部分，因為共歷死亡經驗事實上也包含了許多瀕死經驗的要素。

而正是理解這些元素及其對親歷者的影響，讓人能夠對死亡和生命的看法產生深刻且積極的轉變。

更長遠的視角

關於這個長遠視角的例子，來自摩爾斯經手的一個案例，我們姑且稱案例中的女性為達拉，她在一九五〇年代時居住在美國中西部的一個偏遠地區。那時候的她需要進行一個應該很簡單的手術——摘除扁桃體，但在那個年代和地點附近並沒有醫院。於是，她去了一間診所，醫生在進行手術前使用乙醚讓她入睡。但是沒料到使用過量，導致達拉的心臟停止跳動。

她經歷了一些我們現在認為是瀕死經驗中常見的元素：穿過隧道、被光吸引、感到平靜。

雖然她很想留在那裡，但她想到了自己的家人，以及她的死亡將會帶給他們巨大的痛苦和悲傷。於是，她帶著重新看待人生的長遠視角回到了人間：

當我回到人間時，我知道自己曾到過天堂。從那時候起，我的生活變得非常不同。我變得比我的姊妹們更隨和，她們會為了能不能交到男朋友而感到困擾，但這些事情從來不曾真正困擾過我。

我認為這樣的改變來自於我現在對時間的看法。經歷了那次經驗之後，我瞭解到我們在時鐘上看到的時間並不是真正的時間，我們認為的長時間其實只不過是一瞬間。這種思考方式真的讓我變得不那麼物質主義了。[19]

重獲新生

另一個案例來自摩爾斯的經典著作《更接近光》（暫譯，*Closer to the Light*），這本書的內容聚焦於轉變在瀕死經驗中正向的一面。

這是關於一個名叫安妮的女孩的故事，十六歲的安妮是一個持續性憂鬱症患者，安妮的母親在幾年後自殺了，安妮決定跟隨母親的腳步，她用了同樣的方法想要離開人世。她說：「我吃了一大把巴比妥（藥），然後灌了伏特加把藥吞下去。」[20]幸好藥片不一定會立即致命，而且安妮是在派對上這麼做，雖然大家過了一段時間才明白安妮發生了什麼事：

一群人驚慌失措。幾個男生把我抬到浴室，我的一位女性友人把手指伸進我的喉嚨，讓我吐在浴缸裡。沒有人想叫警察，所以他們決定讓我保持清醒，並幫我淋浴。他們打開水龍頭，並不停地和我說話。

我過了一會兒才意識到自己已經離開了身體，飄浮到天花板上。我並不孤單，因為還有另一個可能是守護天使或不知道什麼的跟我起一起。我們兩個全身都由光組成，我覺得自己是立體的，似乎是由某種非固體的東西組成，可能像果凍之類的。

我記得感受到愛與平和，還有一種從生活中的所有壓力和挫折中逃脫的感覺。我感覺自己被光所包圍，有一種非常美好的感覺。

我這時與守護天使非常接近，也看不到自己的身體或任何人世的東西。我就這樣跟天使在一起，天使沒有說話，但透過信息的傳遞讓我看到了自己以及每一個人身體的美麗。天使告訴我，我的身體是一份禮物，我應該好好照顧它，而不是傷害它。聽到了這些話後，我對自己所做的事情感到非常非常羞愧，並希望自己能活下來。我開始向光請求，請它讓我繼續活下去。我覺得那是我一生中感受到的最強烈的愛，甚至超過了我對自己孩子的愛。[21]

安妮的經歷並不是一個共歷死亡經驗，因為無法客觀證明她遇到的「守護天使」

是否真的存在，或是她和天使是否真的由光組成。因為只有她一個人遇到了這個「天使」，所以她的靈魂出竅經驗只能算是她個人的經驗。

然而，在安妮的近死亡經驗後，確實發生了一個客觀的共歷死亡經驗，那就是安妮變成了一個不一樣的人。她被所經歷的事物所改變，做出了人生中的永久改變，其他人也都看到了。

這個客觀的經歷發生在安妮告訴她的男朋友（那位背叛了她，也是造成她自殺的最後一根稻草）滾蛋之後。她不再喝酒和吸毒，也找到了一群新朋友，並開始更加認真地就學與生活。她不再深陷於母親的自殺事件，如果感覺到自己走回以前的「老路」，像是參加派對、喝酒和吸毒，她會記起天使給她的簡單建議：生活是一系列的考驗，沒有什麼是贏不了的。

「經過那一次的經歷之後，我覺得自己的人生被賦予了一個使命，就像我生來就是為了完成某件事一樣。」她告訴摩爾斯博士：「這個經歷給了我一種內在的能量，而且從未消失過。」[22]

為什麼轉變之光能代表死後的世界

達拉和安妮的變化就像本章開頭的超級巨星艾比尼澤．史古基的轉變故事一樣，他認真看待了自己的瀕死經驗，並進行了改變。狄更斯寫道：「（史古基）走在街上，看著人們匆匆來去，他輕拍孩子們的頭，問候乞丐，然後看向每間屋子的廚房，再抬頭看著窗戶，他發現一切都讓自己感到快樂。他從未沒想過在街上漫步——或任何事物——能讓他覺得如此幸福。」[23]

我一直以為——即使在很小的時候，自己有一些隱藏的部分。而瞭解自我的過程讓我感覺到像是揭開一層又一層未知的面紗，開啟內心深處隱藏和無從預期的區域。

那些瀕死親歷者的個人蛻變，對所有了解這些經歷的人來說，都可能成為一種鼓舞的力量。轉變成了一座橋樑，將我們連接到超越物質存在的境界，為了到達這樣的境界，我們顯然都必須歷經轉變，這對我來說就代表死後世界的確存在的另一個原因。

每一個人對於死後世界的想法，有很大部分取決於他們所在的人生階段，是因為較為年長，所以自然會思考可能即將來臨的事情？還是發生了什麼事促使他們思考這個問題？舉例而言，柏拉圖也觀察到人們在自己或摯愛的人臨近死亡時，會思考來世的問題，這當然合乎邏輯。[24]

我個人也發現到，很少人會因為單純的好奇心而對死後世界產生興趣。因此，是的，我確實認為我們對死後世界的思索上，還仍待發展。

我還注意到的一個明顯的現象，那就是隨著年齡的增長，人們越來越可能經歷穿越到另一個存在領域的感覺。這可能發生在瀕死經驗（如我們所描述的），或在其他神祕經歷中（像是彷彿被帶到另一個實境的靈魂出竅經歷）。這些經歷伴隨著自證的超現實感，一種讓正常現實顯得不真實的超真實感。

對我來說，隨著年齡的增長，我們對死後世界的感知也變得更加自然。

然而，在所有這些經歷中，即使是最聰明、最能言善辯的人也說，當他們試圖用語言表達自己的經歷時，卻無法用語言來表達。這讓我認為，這些經歷不僅引發了我們內在的變化，也促使了語言的改變。

見證四

迴光返照

醫學現在面臨了功能需要擴大的任務……醫生必須必然地涉足哲學。

——戴娜・法恩斯沃斯（Dana Farnsworth）醫學博士

我在醫療生涯中見過許多似乎從死中復甦的病患，我可以保守地說，每位醫生都曾經有過這樣的經驗。邁克爾・納姆（Michael Nahm）是第一個命名並定義了「迴光返照」的人，他指出這是一種死亡前發生的短暫生命現象，有時候甚至沒有任何生命跡象，包括大腦活動的徵象。由於這樣的經歷現在有了名稱和定義，也愈來愈成為意識研究的重要主題。迴光返照能讓旁觀者目睹一個人的強大生命力量，因此也成為了一種共歷死亡經驗。

生命的瞬間

一位瀕死病人突然完全出乎意料地，出現迴光返照的狀態。他們可能會向病榻前的人揮手或平靜的說幾句話，或是坐起來與家人交談，有些甚至站起來走動，讓家人誤以為本以瀕死的親人已經戰勝病魔，很快就能出院回家。這就是迴光返照。

遺憾的是事與願違，他們通常幾個小時之後又癱回病床，然後離開了人世。病人總是會重新回到床上，幾小時後就去世，讓旁觀的人充滿了疑問，不知道如此重病的人如何能短暫復甦。

短暫一現

安娜．凱瑟琳娜．艾默（Anna Katharina Ehmer）的故事，是迴光返照案例中最極端的例子之一。凱瑟琳娜是一位二十六歲的德國女性，因為童年時期的腦膜炎損傷了腦部，所以她在二十世紀初期的日子大多在精神病院中度過。根據負責看護她的人說，凱瑟（大家對她的暱稱）是「機構中有史以來精神障礙病況最嚴重的病人」。

她從未開口說過一句話，「我們從沒見過她對周圍的環境表現出一秒鐘的興趣。」[1]然而在一九二二年三月一日，也就是凱瑟去世那一天，她卻出現了意識清楚的狀態。機構院長弗里德里希·哈比奇（Friedrich Happich）被機構一位受人敬重的科學家兼精神科醫生請到凱瑟的房間。[2]她說話清晰有條理，甚至還唱了一首十九世紀的聖歌《靈魂的家》（*The Home of the Soul*）。哈比奇寫道：

> 從未說過一句話的凱瑟……為自己唱起了臨終的聖歌。更具體來說，她一遍又一遍地唱著：「靈魂要在何處找到它的家，找到它的平靜？平靜，平靜，天堂般的平靜！」凱瑟唱了半個小時，那曾經呆滯的面孔變得充滿靈性，然後，她悄悄地離開了人世。我、照顧她的護理師以及醫生的雙眼中，都噙著淚水。[3]

以下，是另一位見證凱瑟去世的人所做的描述：

> 這對我們來說就像是一個奇蹟。然而更大的奇蹟是之前完全靜默的凱瑟，突然能夠清晰而明確地背誦歌曲的歌詞。維特班醫師（Dr. Wittneben）一再表示：「從醫學的角度來看，我面臨一個謎。凱瑟曾經遭受如此多次的腦膜炎感染，由於皮層腦組織的解剖學變化，無法理解這位臨終病人如何突然能如此清晰明確地唱歌。」[4]

在短短的時間內完全復甦而且轉變的安娜·凱瑟琳娜·艾默——過世了。

哈比奇和維特班對這起事件感到訝異，他們毫不避諱地在公開場合談論自己的所見。那時正逢興起的納粹主張德國境內的所有精神病患者都應該安樂死，哈比奇和維特班都對此持反對意見，他們認為精神病患者仍具備一部分的人格特質，因此擁有生存的權利。為了證明這一點，哈比奇和維特班開始透過醫學文獻和實際目睹事件來蒐集迴光返照的案例。他們提出了一個案例研究來為精神病患者辯護，這是一名因「精神缺陷」在醫院待了十四年的二十歲男子，他突然有一天開始唱起歌。他宣布自己很快就會「上天堂」，唱完歌之後，人也立即離世。[5]

哈比奇的回憶錄中，他的女兒回想起他在一九三二年向優生學問題工作小組的演講中，反對將精神病患者安樂死的立場。他說：

> 我經歷了各種令人不安的場面，其中有一些是與機構中的主任維特班醫生共同見證。這些經歷讓我看到，即使是最悲慘的人……也擁有一個隱藏的內在生命，它與我自己的內在生命一樣有價值，只是被破壞的表面妨礙了他向外界展示這一點。通常在臨終的最後幾個小時，所有的病理性障礙都消失了，並展露出無比美麗的內在生命，而我們只能在它面前，深受震撼。對於見證過這些事件的人來說，合法控制的安樂死問題根本站不住腳。

維特班對凱瑟和其他類似的迴光返照案例的看法，受到了同事的贊同與支持。他說：「目睹過這樣的事情就會明白……身為地球人類的我們永遠無法解決身與心的問題，但也會意識到，我們對於那些被脆弱身體束縛的精神病患者的靈魂，肩負著特殊的責任。」[7]

定義與辨識

當凱瑟在世時，她的迴光返照案例並不屬於任何已知的經驗類別，其他的醫學問題都有明確的名稱來定義它們（例如感冒與流感），但當時迴光返照的案例並沒有官方的名稱或定義來進行分類。這些案例有時候被稱為「死前的緩和」，這個說法直到二〇〇九年仍被用來描述迴光返照的現象。[8]在東歐的一些地方會在病歷上將迴光返照註記為「瘋狂」[9]，有時候在義大利甚至會被註明為「被惡魔附身」。[10]

在我的醫學生涯早期，迴光返照被稱為「臨死的異常興奮」的經驗，這個定義可能源自於蘇格蘭人，他們用這個詞來形容即將死亡的人。不過據我所知，當時並沒有任何醫生研究這些經歷。主流觀念認為這些不過是死亡前的腎上腺素激增所導致，醫學界並未覺察到「臨死的異常興奮」其實牽涉到臨床上不願意提及的現象，亦即靈魂及其在肉體死亡後持續生存的複雜議題，我很快就發現，幾乎所有在重症加護病房工作的醫護人員都見過「臨死的異常興奮」現象。有些人甚至描述看見瀕死者在迴光返照前「發亮」。

隨著來自像邁克爾．納姆等研究人員的新發現，人們對於這種令人難以置信卻又相當普遍現象的不置可否態度，也隨之改變。現為德國弗萊堡心理學與心理健康前沿領域研究所（Institute for Frontier Areas of Psychology and Mental Health in Freiburg）研究員的納姆，於二〇〇九年在翻找一堆塵封在箱子裡的舊醫療紀錄時，發現了類似凱瑟這樣的案例。納姆的研究將迴光返照（重新）命名與定義為「遲鈍、無意識或精神病患者，在臨終前（再次）出現正常或異常增強的心智能力，包括情緒和精神狀態的大幅提升，或以不尋常的精神亢奮方式說話」，同時也帶來了重大的突破。[11]

目前「迴光返照」這個名稱正逐漸被「反常的清醒（paradoxical lucidity）」這個詞所取代，這顯示出繼續尋找更精確名稱的重要性。[12]不過我們目前在這本書中，暫時還是會使用「迴光返照」這個名稱。

雖然納姆在二〇〇九年的研究是以精神病患者和其他精神障礙患者為對象，但迴光返照現象也會出現在不同的臨終者身上，無論他們之前的精神狀態如何。臨終與迴光反照的狀況很容易區分，再加上迴光返照的現象可由旁觀者親眼目睹，所以也成為了客觀的證據。

現在迴光返照也如同瀕死經驗一樣，具備清楚的定義，並確實納入了醫學領域，也是共歷死亡經驗的相關領域。

在迴光返照的情況下，被觀察者的腦波可能已經停止任何波動，但卻突然且短暫地恢復所有的心智能力。親眼目睹這種現象的過程是一種共歷死亡經驗，有些人說這就像是看到靈魂返回到逝者的體內，並使其復活。

納姆將迴光返照的現象區分為四個階段：

- **開始**：個體被認為已經失去過多認知能力，恢復心智能力的可能性極低。
- **意識的恢復**：個體自發性地開始與醫療人員或來訪的朋友、家人進行對話。
- **有意義的溝通**：個體回歸到原本的自我，進行有意義且相關的互動——回想起人、地點和事件等本因疾病而消失的記憶。
- **道別與死亡過程的開始**：在一段意識清晰的過程後（可能持續幾分鐘到幾天

的時間），個體開始與這個世界道別。[13]

超越腦波的意識

神經醫學家們對於一個「停止運作的大腦」，如何在沒有活躍神經元的情況下運作感到困惑，他們也對此進行研究。其中一些研究者之所以投入研究，是因為他們假設迴光返照與其他未解之謎之間相互關聯。甚至連美國國家衛生研究院的國家老年研究所（National Institute on Aging）也參與其中，資助了一系列旨在發現觸發迴光返照因素的研究，期望這些答案能夠找到治療神經疾病和阿茲海默症等失智症的方法。[14]

還有一些大腦研究學者（大腦研究的異類）正在探索不同的問題——迴光返照是否代表意識可以回到一個已經死亡或瀕死的身體內？又，意識是否能存在於缺乏運作功能的大腦中？畢竟如果迴光返照的案例發生在已經不具功能的大腦中，那麼意識又如何回到大腦？意識真的不需要依賴大腦灰質的功能嗎？法國哲學家笛卡兒所說的「我思故我在」是否正確定義了意識？[15]若是如此，什麼是意識？它需要一個能夠運作的大腦來存在嗎？迴光返照是否就是我們尋覓已久的靈魂存在的證據呢？如果是，那麼靈魂的本質是什麼？為什麼靈魂會在我們死後出現？

照護者們長久以來都注意到，意識可能不一定依賴於一個運作功能正常的大腦。在許多案例中，似乎有某種來自外部的東西接管了大腦，並將正常的意識帶回到已經很久沒有完全意識的人身上一段時間。讓我列出一些當代的例子。

我們還需要大腦組織嗎？

這個案例來自美國外科醫生史考特．海格（Scott Haig）二〇〇七年的紀錄，描述一個患有肺癌且癌細胞已經擴散到大腦的男性。在他死前不久的檢查顯示，他的腫瘤不但將腦內組織推擠到一旁，也摧毀了它們，導致他的大腦中僅剩下少許未受損傷的大腦組織。

在過世的前兩週裡，這名男性逐漸失去行動能力，言語也變得模糊不清，讓人無法理解他在說什麼，最後完全失去了說話和行動的能力，檢測上也顯示出他的大腦已無腦波。然而，他的妻子和一位護理師說，這名男性在去世前出乎意料地恢復了意識。他從昏迷狀態中醒來，與在場的家人進行了大約五分鐘的正常對話，微笑著與大家道別，並觸摸他們。然後他又回到了之前的狀態，並在一個小時內去世。16

悲慘的戰爭故事

另一個當代的例子來自我的共同作者者保羅·佩里的父親，他是一名二戰時期的美國陸軍老兵，曾因中風造成語言中心的損傷而失智，在語言表達上也變得沒有條理。在接下來的幾個月內，他經歷了幾次小中風，使他愈來愈神智不清。

這樣的狀況持續了好幾週，然而就在他似乎快要接近生命的尾聲時，他睜開了眼睛，開始清楚明白地對他的妻子和保羅說話，他們兩人當時都在房間裡並一直與保羅的父親輪流交談。保羅記下了他父親說的話：

「我不害怕死亡。」他說，「我在軍隊時，有好幾次都以為自己會死。我記得有一晚在一間小石頭屋裡被射擊，屋裡只有我和一位牧師！子彈在牆上彈跳，我害怕得心臟都快要停了，心跳得好快。」

這位老兵在臨終前，躺在床上講了好幾個悲慘的戰爭故事，包括他向一個戰壕裡投擲手榴彈，結果手榴彈沒有爆炸的故事。

「那件事發生時，我離開了我的身體。」他告訴保羅：「我的意思是，我認為我真的離開了自己的身體。我去到製造手榴彈的地方，看到組裝生產線上的某個人沒有在我扔的那顆手榴彈裡放入引信。」

保羅和父親的妻子對他竟然能睜開眼睛感到驚訝，更不用說恢復說話能力了。他又講了一會兒，然後再次說道：「我不害怕死亡。我本該在戰爭中死去，所以從那之後的一切都是一種恩賜。」這位老兵說完後，很快就睡著了，那天晚上他離開了這個世界。

這段紀錄有幾個值得注意的地方。首先，這位老兵已經好幾個星期無法清楚地表達，但是卻突然完全恢復了語言能力，不但說話有條有理，感覺上也好像從來沒有中風過。此外，他因為大中風和接連幾次小中風，導致他無法行走，左手也動不了。但他在去世前不久竟然可以站起來，左手也恢復了功能，甚至有一次還站起來表演他正在講的一些戰鬥事件。

對他的家人和負責照顧他的醫生來說，這樣的行動和語言功能的恢復似乎不可能，因此醫生稱這次的恢復為「拉撒路經歷」。[17]

唯物論者與二元論者的再度交鋒

十九世紀的幾位哲學家和醫學家相繼脫離了唯物科學的論調，他們認為唯物科學將所有科學都強行套入一個模組。因此，他們開始研究「自然的陰暗面」[18]，也就是維多利亞時代所稱的超自然現象，像是鬼魂和死亡經驗。

這批學者當中包括一些頗具影響力的智者，如笛卡兒、尼古拉斯・馬勒伯朗士（Nicholas Malebranch）、巴魯赫・史賓諾沙（Baruch Spinoza）和戈特弗里德・萊布尼茨（Gottfried Leibniz），他們都致力於用科學方法和數學公式解決哲學問題。

這些二元論者（尤其是史賓諾沙）的兩個主要信仰，是類意識無法透過科學來解釋，以及靈魂可以獨立於大腦之外運作（儘管靈魂與大腦在生命中幾乎同步相依），這個想法現在被稱為平行論。他們的這個信仰，主要是基於親眼目睹了臨終時刻出現的迴光返照現象。其中一些醫生對他們所見的死亡經歷感到無比困惑，因此他們繼續尋找更多的患者，並藉由他們來確認這個關於心靈、身體和靈魂的新論點。[19]

納姆以最具說服力的說詞，提出了兩個學派——唯物論者（相信生物化學能解釋所有的生物現象）與二元論者（相信身體和心靈是分開的）所面臨的問題：

> 我認為如果考慮到所有因素，（死亡）看起來非常像是一種過渡……問題是：這能用生物化學的方式來解釋嗎？我確實懷疑過。所以，沒錯，不管你如何看待這件事，我確實認為死亡是一種過渡……如果死後的世界的確存在，會是非常複雜且難以理解。問題是：靈魂如果存在，那它是什麼？它能以個體形式持續存在嗎？它是否能融入那個更無上的存在？它是否能與那個存在於所有存在背後的偉大意識再結合？它能再度出現並輪迴轉世嗎？[20]

我們可能認為唯物論者和二元論者不可能相處融洽，但其中許多人卻相處得不錯。美國國家老年研究所現在正針對患有失智症及其他導致認知功能衰退疾病的患者，展開迴光返照現象的研究計劃，並積極探討迴光返照現象的機制和意義。此研究議題似乎顯示了研究人員在唯物與神祕的感受和信仰。

根據國家老年研究所的說法，對此議題的進一步研究將能夠「擴展我們對人格和意識本質的現有理解……同時也為此類患者提供更多的治療方法，為照護者提供更有效的策略，並有望引發更多研究，讓我們更加理解此神祕現象的機制」。[21]

這是一個革命性的訊息。迴光返照不僅是心靈和身體能夠分開運作的有力證據，也為意識能夠在身體死亡之後繼續存在的論點，增添愈來愈多的證據。

突如其來的話語

以下是由十九世紀醫學家戈堤夫・海恩里希・舒伯特（Gotthilf Heinrich Schubert）所蒐集的研究病例，他結合了唯物論者與二元論的思考脈絡，作為靈魂研究的一部分。舒伯特在此描述了一位女精神病患，於去世前四週所發生的迴光返照狀況：

她在去世的四週前，終於從長達二十年的惡夢中清醒過來。然而，在她發瘋之前就認識她的人，幾乎無法相信她最後的轉變狀態——她的性情顯得如此高貴，整個人感覺上都比從前更加提升，言辭與表達也變得高雅。她以理解和正向樂觀的態度，談論著一般人在日常狀態下很難深入理解的事。

她的故事引起了轟動，所有識字的還是不識字的、有教養的還是無知的人，都紛紛湧向這個尊貴的病榻。所有人都不得不承認，即使她在病中接受最富聰明才智之人的教導，也不可能像現在這樣學識淵博，或是比現在更博學多聞，她彷彿就像從一個長期被禁錮的深淵爆發出所有能力似的。[22]

舒伯特的另一個病例研究將迴光返照賦予了近乎神奇的治癒力量——一位聾啞人在去世前獲得了正常聽力和說話的能力。以下是根據納姆的研究論文所翻譯的病例簡要：

這位病人在一所專門為聾啞人設立的學校接受教育，但由於「器官缺陷」（舒伯特未具體說明）的緣故，他仍然無法說出能讓人明瞭的話語。然而在「最後幾個小時的激動中」，他生平第一次能夠清晰地說話。

另一位長達二十八年躺在床上「虛弱無力，完全失語」的病弱老人。在他生命的最後一天突然恢復了意識和說話能力，在此之前他曾經做了一個快樂的夢，夢中被宣布他的痛苦即將結束。[23]

由於舒伯特是一位研究靈魂的醫生和哲學家，納姆和我都相信，他認為有一個隱藏的「內在人格」——可能是靈魂——在死亡時顯現出來，這個內在人格與具有自我意識的「外在人格」完全不同。[24]

歷史的延續

在研究了許多迴光返照的病例之後，一位名為亞歷山大・布里埃・德布瓦蒙（Alexandre Brierre de Boismont）的法國醫生，寫下了對迴光返照的精闢描述，他寫道：「在某些疾病中，感官在人體臨近死亡時會變得異常敏銳，病人的思考能力突然顯著提升，多年來混沌不明的思緒突然變得清晰，這些現象讓周遭的人感到非常驚訝。」[25]

被公認為美國第一位撰寫精神疾病的作家班傑明・拉什（Benjamin Rush），也提到迴光返照的現象，他寫道：「大多數的精神病患在他們生命的最後幾天或幾個小時裡，都出現或多或少的理智重返狀況。」[26]

英國醫學博士安德魯・馬歇爾（Andrew Marshal）更進一步檢視並發表了多則與精神疾病相關的迴光返照病例，其中一個案例和一名非常暴力的前皇家海軍中尉有關。他寫道：「他的瘋狂特徵是極度的憤怒和失憶……他的記憶衰退到甚至記不得自己的全名……但就在他去世前的一天突然變得非常理智，他請求見一位神職人員，並似乎專心聆聽祈禱書中的禱文，他說：『希望上帝能憐憫他的靈魂。』」[27]

正向的轉變

目睹迴光返照是一種強烈的情感經驗，這個經驗包含了我們的五感，而這些感受早在亞里斯多德時代就已被定義出來。[28]同理可證，這個能量也能喚醒其他的感受。自亞里斯多德以來，除了五感之外，科學已經定義並增加了其他的感官，例如：平衡感、疼痛感、溫差感和方向感。近年大多數的科學家也認定了另外兩種感官：化學感受（感官對化學品的刺激反應）和光感受（是絕對光的感受反應）。[29]

在研究了迴光返照、瀕死經驗和共歷死亡經驗等超自然事件後，我相信在新感官方面的科學探索才正要起步。根據偉大的神經外科醫生及意識研究學者懷德・潘菲爾德醫學博士的觀察，他說：「大腦還未完全解釋心靈。」[30]從這句話來看，我認為感官上的發現將使「超自然現象」被視為一種完全正常的事件。而這些感官的發現不一定來自於大腦灰質的探索，而是來自於心靈上的無形物質。

迴光返照的發生，可能會讓目擊者感到震驚與困惑，進而重新審視自己的個人信仰，特別是那些相信生死之間有明確界線的人。迴光返照帶來了大多數人從未思考過的可能性——最深刻的一個就是意識不需要一個正常運作的大腦來存續。若真是如此，是否就證明了我們的心靈能超越肉體之外？倘若死亡並不是真的死了，這又代表了什麼？是否是死後生命存在的證據？這些問題都是見證迴光返照這個驚奇事件的人，可能會產生的。

經過檢視我蒐集的迴光返照案例研究，並與相關領域中的其他人討論這些事件後，我可以合理地認定，絕大多數的這類經歷都會為目擊者帶來正向的轉變。這種轉變最有可能來自以下幾個因素。

接受死亡並擁抱生活

迴光返照顯示出我們的生活中存在著一些未知且未充分利用的力量，這些力量很少被人類的心靈所運用，只有在某些重大時刻（如死亡和瀕死時）才會被激起。迴光返照也讓我們對自己的死亡有了一些初步的想法，甚至幫助我們過更有意義的生活。當我們愈加意識到死亡的那一刻，會有一些強大、美好的未知發生時，我們對最終命運就愈能輕鬆看待，對生活的渴望也會愈強烈。以下是一位迴光返照目擊者的例子：

我的兒子和他妻子一直在照顧她的母親珍，阿茲海默症使珍的狀況迅速惡化。儘管她已經臥床不起，但感恩節那天他們還是希望珍能和全家人一起在餐桌上度過節日。他們把她的床搬到了餐廳，然後將虛弱的她移至桌邊。看著這一切真是令人難受，她似乎不知道自己在哪裡，也不知道發生了什麼事。

大家像往常一樣在節日餐桌上聊天互動，珍看起來似乎還是很茫然，完全處於無意識的狀態。但就在用餐快結束時，一切突然起了變化。珍已經好幾個月沒跟任何人說過一句話，但她瞬間變得完全清醒。珍坐直身體，開口說要吃飯，還告訴大家她餓壞了。然後她開始正常和家人交談，問孫子孫女們在學校以及交友狀況。

時間彷彿倒退了五年，珍又變回了正常的自己。

然而珍在第二天晚上再次陷入昏迷，我們也沒辦法把她叫醒。我們以為她恢復了，但並非如此。珍在那天晚上過世了，這一切對我們來說就像是一個謎。[31]

全新的省思

迴光返照可以成為破冰的契機，讓仍然在世的人開始對死亡與靈性展開全新的省思。當醫生和其他護理人員能以更加開放的心態與不那麼批判的態度討論靈性經驗時，我們的制度也可能會因此隨之改變。舉例來說，通常瀕死的病人詢問主治醫生自己死了會是什麼樣子時，醫生往往不知如何回答。他們可能害怕冒犯了病人的精神信仰所以不敢開口，不然就是根本不知道該說些什麼。「死亡是什麼樣子的？」是病人無法從醫生那裡得到解答的少數問題之一。通常，他們不知道答案，因為醫學院並沒有教授這方面的內容。我認為這種情況會改變。愈來愈多醫務人員參加心理學及溝通方面的課程，學習在危機時刻應該向患者說些什麼，以及如何與瀕死病人及其家屬談論死亡。

我在俄勒岡州波特蘭的一次意識探討會上，就遇到這樣的例子。這位男士從青少年時期就自稱為無神論者，因為他對家人強迫他參加的教會的嚴格教義感到「反感」。但這個情況在他父親去世後改變了。

就在他父親在世的最後一天，護理師向醫生報告聽診器聽不到任何心跳聲，醫生趕緊進入病房，將聽診器放在他父親的胸口和頸部，也無法檢測到任何生命跡象。但就在那一剎那，他父親又活了過來。「他看著我們，」這位男士回憶說：「他的眼睛睜得很大，望向遠方。他說：『我愛你們。』」

這位男士說他跟父親進行了一段簡短但清楚的對話，父親在話中明確表達了對家人的愛。然後，父親握住了他的手，閉上雙眼，幾分鐘後就去世了。

「從那時候開始，我的態度完全都改變了。」這位男士說：「我依然認為宗教是人為的教條，不是我想要追隨的。但顯然有一些令人無法理解的、某種靈性的事情正在發生，而這種靈性不一定要由宗教來定義。對於父親沒有真正離世時所發生的事，依然讓我無法釋懷。但我不再覺得自己被姊姊逼著去遵循教會的『神聖法則』。我相信靈魂，因為我親眼看到父親從死亡中復生。我決定讓一切保持簡單，只相信我自己的教條。對我來說，唯一的神聖法則就是父親最後說的話：『我愛你們。』」[32]

療癒經驗

迴光返照也可以是一種強大的療癒經驗，特別是對那些面臨家庭功能失調的人而言。迴光返照的臨終經歷為家庭提供了一個「糾正錯誤」的機會，親眼看見迴光返照的人經常談到，他們的父母在最後開口說出從未說過的「我愛你」。對臨終者和生者來說，過去的過錯往往成為最後的主要對話，也正是這些臨終前的對話，讓迴光返照擁有了可能的療癒效果。

我的共同作者保羅·佩里接下來所講的這個故事，為迴光返照的療癒力量提供了實證。保羅曾經目睹了迴光返照的整個過程，當時他正在醫院探望因摩托車意外事故而摔斷腿的兒子。他第一天來到醫院時，一群護理師正推著一名男性進入對面的病房，當時那名男性正在睡覺。一位護理師告訴保羅，這個人患有失智症，而且已經不久人世。第二天再次來到醫院，保羅特別注意對面房間的那名男性。醫生替他戴上氧氣罩，他只是躺在那裡一動也不動，他的家人輪流來看他，試著想和他說話，但是都無功而返。

但保羅第三天看到的情況完全不一樣，對面房的病床周圍坐著六位家人，而那位患有失智症的男性站在床上來回走動，像是在舞台上一樣，他輪流跟家裡的每個人交談，回憶一些以前的事，其中有些可能很有趣，因為偶爾會傳來笑聲。

保羅聽不清那名男性說了些什麼，但他的第一個想法是以為自己見證了一個失智症患者的痊癒奇蹟。保羅離開醫院時，那名男性的家人們正笑著、哭著、擁抱著他，對他說他們愛他，而且很高興他很快就會康復。

當保羅第四天抵達醫院時，發現那名男性的病房已經清空。一名護理師告訴他，那個男人在半夜去世了。

保羅離開醫院前遇到了那名男性的幾位家人，他們回來收拾遺物，並說了一些讓保羅意想不到的話。原來保羅之前看到那個在病床上生龍活虎的人，是他們不怎麼喜歡的叔叔，他一直都是個既陰鬱又自私的人。而他最近的舉止（特別是最後的行為），讓那些有幸在場的家人們感到震驚。

「我想他是回來向我們表示自己有多幽默和友善。」其中一位家人說道：「這是他送給我們的禮物，讓我們在他離開前感受到他的愛和關心。」

肉眼可見的奇蹟

保羅告訴我的這個故事，是一個眼睛可以觀察到的奇蹟，一個能被見證但卻無法具體解釋的事件。

彼得．芬威克（Peter Fenwick）在他的職業生涯中分析了數以百計的臨終經歷，他對於迴光返照的評論是這麼寫的：「以我們目前的科學認知，很難找到任何特定的大腦機制來支持和解釋這些奇妙的靈性經歷。」[33]他補充說：「不過隨著我們逐漸邁向後現代科學，以及體認到神經科學尚且無法解釋意識（主觀經驗）之後，應該也要考慮到死亡當下出現了穿越現象的可能性。」[34]

遠距迴光返照現象

迴光返照有時像是一種預知經驗，會發生在離臨終者有一段距離的地方。以下講述的就是一位本身居住在華盛頓的女士，但她高齡九十一歲的病重母親住在伊利諾伊州的故事：

我當時正熟睡著，因為那是清晨時分。在那個時間點你通常會有一些很生動的夢境，但醒來後幾乎不記得，或者只會記得幾秒鐘，然後就忘了。我那時睡得很安穩，但突然間，我看到自己在機場裡，望著其中的一扇大窗戶，從窗戶透過去，可以看到飛機的起降。

我看到我的母親站在一架小型客機的登機階梯中間，就像那種來回鄰近城市的機型。她露出燦爛的笑容看著我，整個人容光煥發，看起來輕鬆自在。她顯然要去一個美好的地方，她穿著和平常一貫顏色的服裝（但我沒認出是哪一套），手邊放著她的手提包，但沒有行李。不管她要去哪裡，她都不會再回來了。

我站在玻璃窗的另一邊，無法觸摸到她，也無法與她進行真正的溝通。

我一開始以為她只是站在陽光直射她臉龐的地方，但後來才覺察到，是她本身散發出一種內在的光芒，那道光芒某種程度上轉變了她。那是我的母親，但我感覺到一種內在的靈魂被以某種方式釋放了出來……

我醒來時被剛剛所見的情景嚇了一跳，覺得很困惑，我以前從來沒夢見過她或任何人。我在那天的後來才知道母親在醫院裡，幾天後就會去世。她是在向我告別，因為她知道我來不及和她說話了。[35]

當被問及她會如何描述和解釋這場遙遠且預知的迴光返照現象，以及後續對她的影響時，這位共歷死亡經驗者說，她知道母親「充滿了喜悅，這不是她常有的情感。而她懷著喜悅的期待，要去一個絕對美好的地方，而且在登上那架飛機的過程中，她已經發生了某種程度上的轉變，這顯然是一個隱喻……她在向我告別，告訴我她終於擺脫了這具病體」。[36]

這個夢境最初讓經歷者感到非常困惑。但她開始感覺到這個夢其實呈現了母親的身心狀態，然後以一種她母親希望傳達消息的方式，傳達給她的女兒。「我最初並沒有想到這是一個預兆或是她在向我告別，直到之後我的姊姊打電話告訴我，母親因心臟問題住院了。我當時並不知道她即將不久人世，直到第二天。」

最終，這位經歷者說：「知道她可能還存在，而且我或許還能再見到她，讓我感到無比的慰藉。這是至今唯一讓我相信死後世界可能存在的事。」[37]

迴光返照的神祕運作

迴光返照究竟是怎麼發生的？我們並不知道真正的緣由。不過有很多的科學推論，試圖解釋這種現象以及其他類似的現象如何發生。其中一種理論認為，大腦的過濾機制通常會每天篩選出數百萬個感官訊息，但在臨終時，這個機制會打開，使那些通常被過濾掉的枝微末節訊息湧入到我們的意識，使得感官的接收超載。神經生理學家約翰．艾克爾斯（John Eccles）曾經總結了此理論，宣稱：「絕大部分的大腦運作……根本還到不了意識的層面。」[38]

正如我所言，在研究了共歷死亡經驗等這些非凡事件後，我相信科學對於理解意識的努力才正要開啟。當意識能夠被進一步理解時，許多所謂的「超自然現象」將被認為完全正常。而這樣的發現未必來自於大腦灰質的探索，而是來自我們心靈上的無形物質。

迴光返照的體驗

幾乎所有的迴光返照案例研究，都只描述了故事的其中一面，那就是旁觀者眼見另一個人恢復意識的過程。這些故事無疑十分引人入勝，因為看到任何人重獲生命都會讓人感到萬分神奇。

但對於「正在」經歷迴光返照的人來說，情況又是如何呢？超脫自我意識，從死亡的完全黑暗中重新沐浴在清晰的光明之下，又是一種什麼樣的感受？當他們出乎意料地重新獲得清楚意識時，他們看到了什麼，想到了什麼？是否有「靈魂出竅」的感覺？他們是否擁有原本在患病或受傷前的自我意識？若考慮到許多迴光返照的病人在缺乏腦波的情況下依然能夠保持意識清醒，那麼他們的思考能力落在什麼樣的層次？如果這些思想不是來自於大腦，那它們來自何處？

這些問題很難透過完整的醫學研究來回答，因為研究這種現象本身就極為困難。哥倫比亞大學醫學中心的成人安寧照護部門主任克雷格・布林德曼（Craig Blinderman）博士，在二〇一八年《紐約時報》的一篇文章中提到很難「恰巧見到那些迴光返照的人重返人世的瞬間」。[39]大多數經歷迴光返照的臨終者心中，都懷著某些念頭，比如向家人表達愛意，而不是描述迴光返照的感受。

不過，醫學文獻中還是有少數案例深入迴光返照患者的內心世界。其中一個來自紐西蘭著名研究學者娜塔莎・泰塞爾・曼塔姆（Natasha A. Tassell-Matamua）博士和凱特・史岱曼（Kate Steadman）的研究成果，她們兩位將迴光返照與瀕死經驗串聯在一起。以下的研究案例是由當事人的丈夫所描述，是關於一位名為ＫＴ的三十一歲女性在一九八五年因乳癌去世的情況。當她的生命即將抵達終點時，她的親密友人和家人都來到她的身邊：

> 那時大約是下午的一點三十分，你可以看到她開始……走向死亡，ＫＴ躺在沙發上，她是我們所有人當中最平靜的那個。她向我們描述了她正經歷的事，她說她正走過一條通向光明的隧道。她是如此地平靜，述說著走向光明以及內心那種祥和的感覺。然後她看起來很像離世了，但是大約半分鐘之後她又醒過來，說：「真的

有天堂，我去過那裡，那裡非常美麗。」接著她就真的過世了。[40]

研究人員詢問了丈夫對他妻子臨終過程的想法，特別是她經歷了一次死亡後又再次醒來說了一些話，然後再度去世的過程。他覺得這是因為他們曾多次討論天堂的本質，以及他特別要求她到達天堂後要告訴他那裡的情況所致。他說：「我認為當她回來時，她的生命線或意識線還沒有完全斷裂，那時她正走向那條隧道。我相信在她完全與我們隔絕之前，也就是在所有聯繫被切斷之前，她回來了。」[41]

在紀錄的附註中，研究人員提到丈夫在目睹妻子死亡所發生的相關事件後，所經歷的深刻轉變。正如他告訴他們的：

自從KT去世後，我的人生……一直在往靈魂的方向健步而行，我也因此在某種程度上過著那樣的生活。但我還沒有完全踏上完全的靈魂之路，畢竟我在這裡頭還有些不甚完美的部分。但如果我無法在這一世修正它們，希望我在下一次能修正……我經歷過狂野的歲月，現在，我已經偏向了那些靈魂的思考……我每天早上都會學習……其中之一就是深奧的心理學。這實在非常美妙，它和靈魂的成長有關，並告訴你和人格相關的事，而人格與靈魂完全不同。[42]

這篇文章中最吸引我的，是瀕死經驗與迴光返照之間的關聯性。這位女性經歷了瀕死經驗，然後去世，之後又迴光返照，這與我研究中的一些案例非常相似。

發生於迴光返照前的瀕死經驗

瀕死經驗可能發生在迴光返照之前的觀點，等於向迴光返照可能是瀕死經驗的開始這個假設，提出了挑戰。在研究這個問題時，我發現了與描述類似的案例。卡里斯・歐西斯（Karlis Osis）與艾倫杜爾・哈拉迪森蒐集了五萬多則臨終經歷，其中有很多收錄在兩人的《死亡時刻》（*At the Hour of Death*）一書中，裡面有幾個由瀕死經驗引發的迴光返照案例。[43]

其中一個案例是一位印度男子，他在被宣告死亡後恢復了意識，並說自己去了天堂，但因為他的生命尚未完成而被送回到人間，還因此讓他的醫生們大感驚訝。兩分鐘後，這名男子去世了。[44]他「看見了天堂」並接收到一條神聖的信息這件事，與許多瀕死親歷者相似，這告訴我，他在恢復清醒之前經歷了瀕死經驗，並向剛剛宣告他死亡的那些人傳遞了這個信息。

其他類似案例包括發明家愛迪生，他因糖尿病併發症而瀕臨死亡時，突然從昏迷中醒來，像是經歷了迴光返照一樣，並說：「那邊很美。」[45]幾個小時後，他去世了。這顯示迴光返照或許標記著生命的結束，而不是瀕死經驗的開始。

可供研究的證據

最後，則是可驗證性的問題。是否有證據能夠證明迴光返照確實曾發生？這是一個合理的問題，許多目擊者也提出相同的問題。我的回答則直接而簡單——**迴光返照是可以觀察到的。**

迴光返照之所以與其他穿越性的經驗不同，在於我們可以看到它的發生。我們可以看到先前昏迷的病人，突然就像只是從另一個平常日子般醒來一樣，我們可以聽到他們說話清楚分明（儘管他們可能已經多年都做不到），我們可以感受到（空歡喜一場的）喜悅，以為他們奇蹟般地戰勝了無法戰勝的疾病；而當他們神祕地回神轉變為臨終的昏迷而不是復活時，身為旁觀者的我們也會感受到深深的悲傷。因此，迴光返照是一種客觀且可觀察的經歷過程，這使它在其他類似的穿越經驗中尤顯獨特。

這個可觀察性也使得迴光返照便於研究，尤其是與唯物主義的解釋進行比較，該解釋可以法蘭西斯．克里克（Francis Crick，發現基因運作機制的研究者之一）的論點來概括，他曾說過：「『你』的喜悅和悲傷、記憶和野心、個人身分的存在感以及自由意志，事實上不過是一個龐大神經細胞集結與相關分子運作的結果。」[46]

迴光返照則與這種唯物主義的論點背道而馳。它客觀地表明，心靈和身體有時的確分開運作，迴光返照也因此揭開了一個無疑將重新定義意識的巨大謎團。而研究這個死亡的過程，必然會讓人懷疑純粹唯物主義的世界觀。

如同你可能想像的，這些超自然事件會引發觀察者的深刻情感反應，感覺自己經歷了一些違反自然法則的事，這對某些目擊者來說絕對是恐懼的。不過，他們之後通常會將這些迴光返照的經歷，視為人生中的收穫，就像是人生的另一場既美麗又神祕的大冒險。

見證五

突如其來的靈感、療癒能力與新能力

我們是唯一具有創造力的物種，而它只有一個創造工具，那就是個體的心靈與精神。

——約翰．史坦貝克

研究案例中有許多關於瀕死經驗導致正面生活變化的故事，有些經歷者獲得了新的才能，有些人則因此變換了職業，還有些人突然克服了如極度焦慮之類的問題。而另一些人則在瀕死經驗的過程中，獲取了受用一生的天使繆思的幫助。由於這些改變都有其他旁觀者的見證，因此也屬於共歷死亡經驗，更成為大家相信死後生命確實存在的振奮理由。

為什麼會發生這些自發性的改善？目前尚無從得知。有些人推測是由於「神經可塑性」的作用——在中風或意外造成腦部創傷後，大腦神經元間的連結進行重組的現象。神經可塑性證明了大腦有能力藉由重組或重新連接神經元，來彌補創傷性的損傷。[1]

然而，神經重組是最不可能引發這些自發性改善的原因。畢竟想要在大腦神經受到損傷後成功地「重新連線」，需要大量的復健訓練，且原始損傷的影響通常也會持續存在。對我以及愈來愈多的研究者而言，這當中顯然還有更多未解之謎。

喚醒繆思女神

如果你已經忘了古代歷史課堂上老師都教了什麼——這對我們即將討論的共歷死亡經驗非常重要，那麼請允許我提醒你，古希臘的繆思女神（Muses）是九位掌管藝術和科學的女神：克莉歐（Clio）是歷史女神，烏拉尼亞（Urania）是天文學女神，伊拉托（Erato）是詩歌女神，特席克莉（Terpsichore）是舞蹈女神，等等。

許多瀕死經驗和共歷死亡經驗中都出現某種形式的繆思，我們現在稱之為守護天使。有時候它們以先人或其他已逝親人的形態出現；其他時候則是光體的形式，並散發著愛，同時在瀕死親歷者的新工作領域或藝術上扮演著引導和激勵的角色。它們或許不一定總是可見，但似乎能以心靈感應的方式與瀕死親歷者溝通，讓他們知道其存在。我知道這聽起來可能超出了科學研究的範疇，所以讓我舉幾個例子，其中的第二個例子尤其不可思議。

巴頓將軍與過去的幽靈

喬治・巴頓將軍（General George Patton）是美國軍事歷史上最著名的將軍之一，也是超自然現象的堅信者。他在戰場上經常遇到已故的父親來拜訪，正如他在傳記《光彩褪盡之前》（暫譯，*Before the Colors Fade*）中對他的侄子弗瑞德・艾爾二世（Fred Ayer, Jr.）所說：「父親常常在晚上來到我的帳篷裡，坐下來與我交談，同時向我保證我會在即將到來的戰場中表現得英勇出色。他看起來就像在葡萄園湖家中的書房裡那樣真實。」[2]

巴頓在書中還回憶了過去的幽靈如何幫助自己提升指揮能力的事，書中有一段話是這麼寫的：

我們有一次在法國被德軍給壓制了，特別是那些重機槍的火力。我趴在地上嚇得要死，根本不敢抬頭。但我最後還是抬起頭，看著天空中一片因夕陽映照散發出紅光的雲朵。然後，就像不能再看得更清楚那樣，我看到了他們的頭——我的祖父和他的兄弟們的頭。他們的嘴沒動，也沒對我說什麼，但他們只是看著我，不是生氣，但是帶著不滿的皺眉。我能讀懂他們的眼神，他們對我說：「喬治啊喬治，你趴在那裡真是讓我們太失望了。記住，許多巴頓家的人都死了，但從來沒有一個是懦夫。」

於是我站起來，拔出槍，下達了命令。最後，我的祖父喬治上校和其他人都還在那裡，但他們在微笑。我們當然贏得了那場戰役。[3]

我認為巴頓將軍描述的那次造訪，並非源自於瀕死經驗，而是一種死亡恐懼經驗所導致，這是一種在極大的心理和身體壓力下，所產生的類似瀕死經驗的經歷，近似極度恐慌症。我也相信這是一種繆思（靈感）經驗，以下是我認為描述中發生的事：一種心靈在大腦無法提供幫助時，向外尋求援助的瀕死經驗形式。那麼它向誰求助呢？或許有人會說是守護天使，其他人則說是深層的能量泉源——對某些人來說是上帝，對其他人來說是「源頭」，或是完全未經定義的某種事物。

一生的旅程

若是瞭解了一些深刻的瀕死經驗，如拉吉夫．帕堤（Rajiv Parti）醫學博士的經歷，或許你就會明白物質主義和二元論能夠並存的道理。帕堤博士的瀕死經驗將他帶離了自身肉體，並在天使的幫助下進入一個讓他現在相信物質主義與二元論能夠同時存在的世界，我曾和他一起度過了一週的時間，那時我們因為大雪被困在我的家裡，他在那時向我描述了整個故事。

帕堤在二〇〇八年時，是加州貝克斯菲爾德心臟醫院（Heart Hospital）的麻醉科主任，這個頭銜為帕堤帶來了身分認同和幸福感，這份工作也帶給他巨大的財富和聲望。帕堤住在一座豪宅裡，擁有多輛豪華汽車，無論他想要買什麼，大多都能輕易到手。

但到了那年的八月，一切都改變了。帕堤被診斷出患有前列腺癌，同月進行的手術後來導致併發症，造成他不但尿失禁還必須承受劇痛，也因此前後進了手術室三次，並得依賴強效止痛藥度日。他很快就對藥物產生了依賴，不僅上癮，還陷入了抑鬱。

帕堤在同一年的十二月前往洛杉磯加州大學的醫學中心，接受人工尿道括約肌的植入手術。手術後的幾天裡，他變得非常虛弱，體溫高達攝氏四十度以上。他無法排尿，骨盆周圍嚴重紅腫。雖然醫生開了強效的抗生素，但感染的狀況依然漸漸蔓延。

十天後的平安夜，帕堤因嚴重的感染和高燒被送入醫院的急診室，為了排除骨盆的感染並移除人工括約肌，需要緊急進行手術。帕堤在麻醉生效前的最後一個清醒記憶，是膀胱被插入導尿管以排空尿液時的劇烈疼痛。

然後他失去了意識。

雖然因為麻醉而昏昏沉沉，但帕堤卻非常清楚地感覺到自己的意識似乎脫離了身體。他從天花板的俯視角度看見外科醫生用手術刀劃開他的肚皮，然後手術室的所有醫護人員都掩住了臉，因為他腹部感染流出的化膿氣味瀰漫了整個房間。那個味道非常難聞，有位護理師還幫所有參與手術的人員在口罩上抹了大量有尤加利味的水。

雖然處於麻醉狀態，但帕提的感官在靈魂出竅的狀態下變得異常敏銳，他能夠聽到、看到並聞到手術室內外的一切。他甚至聽到麻醉師講了一個低俗的笑話，帕提後來在恢復室裡提到這個笑話時，醫生的臉都紅了。

在帕提仍然處於深度麻醉中時，他的靈魂離開了手術室，甚至離開了所在的國家，飄向印度。他聽到母親和妹妹在討論當天的晚餐，她們最後決定準備米飯、蔬菜、酸奶和豆類。他還說自己看到那天是個霧氣瀰漫又極度寒冷的夜晚，母親和妹妹裹著厚厚的衣物來防寒。廚房的一角有一個小電暖器，稍微減輕了一點寒意。

帕提並未對這樣的經歷感到恐懼，反而感到非常欣喜。他覺得，人們從來未曾真正遠離彼此。他感受到自己的存在發散到整個世界，並與世界上的每一個人融為一體。

然而，恐懼很快來襲。帕提感覺到自己正被拉入充滿尖叫和打鬥聲的陰暗之中。他的意識從洛杉磯的手術房和印度廚房裡的對話，轉移到一個大火肆虐的地方。他看到烏雲中的閃電，聞到肉類燒焦的氣味。帕提意識到有一種看不見的力量正把他拉進地獄，讓他置身於那些「尖叫和受苦的靈魂之中」。[4]

「這是我的因果報應嗎？」[5]他懷疑自己這一生或前世到底做了什麼，才會招致這樣的懲罰。

帕提在恐懼之中突然強烈地覺察到他自己所過的生活非常物質化，而且所有的一切總是以自己為考量。事實上，帕提每次在認識新朋友時，總是先考慮：「我能從這個人身上得到什麼？」

身在地獄中的帕提忽然醒悟到，他在地球上的生活缺乏了愛。他既沒有對自己或他人展露出同理心，也沒有做到寬恕，他對那些他認為在社會或專業地位上比自己低下的人非常苛刻。帕提深切為自己的缺乏善意感到抱歉，並後悔自己當時應該做出不同的選擇。就在他有所醒悟之後，地獄逐漸消失了。

我在瀕死經驗中最感興趣的，是其中的**超越性和轉變**。我也幾乎很少遇到經歷過瀕死經驗後未曾轉變的人。瀕死經驗使人變得比之前更善良、更溫和，這種改變往往非常徹底，以至於他們不再像之前的自己。這正是發生在帕提身上的情況，與死亡的擦肩而過為他開啟了一個全新的世界——一個你可以稱之為「他界」（otherworld）的世界，取代了他精心構建的物質主義和自我中心的世界。

帕提的故事現已出版成《靈界重生》（暫譯，*Dying to Wake Up*）一書，當中有許多深深感動我的部分。其中一段是帕堤在瀕死經驗期間，他已故的父親留下的這句充滿智慧的話語：「如果你能保持意識清明，並對自己誠實，宇宙和神聖力量將會眷顧你。」[6]

當帕堤理解並領悟了這一點時，他發現自己沉浸在一片無形無相的藍光中，一個光體開始對他不帶任何字句地低喃，宛如輕聲地在他耳邊細語。在這個光體存在的氛圍中，帕堤的五感都被愛包圍、浸透，他與這個光體交流，也在這光體之中。隨著他與這個光體愈來愈接近，訊息也變得愈來愈清晰、強烈。

在帕堤與光體分開之前，光體向他保證一切都會好轉，而他接下來該走的路將是成為一名療癒者。光體告訴他必須放棄麻醉學和物質主義，並以心靈感應的方式對他說：「現在是成為靈魂療癒者的時候，特別是療癒靈魂、能量體、成癮、抑鬱、慢性疼痛和癌症的疾病。」[7]

光體解釋說，正因為這個原因，帕堤才必須親身經歷那些影響其他個體的疾病。若是未曾被痛苦所磨練，他就無法對他人產生同理心。[8]

帕堤在瀕死經驗期間遇見了給予他幫助的兩位天使，麥可（Michael）和拉斐爾（Raphael），[9]他們藉由更高層次的意識，告訴帕堤在這個高層次的意識中有一個強大的能量實體，充滿了純粹的愛，而這種純粹的愛就是宇宙中一切事物的基礎，是所有創造的源泉，也是宇宙的創造力量。

我確實相信帕提在瀕死經驗中所經歷的一切，但從臨床角度來看，只能將其歸類為主觀經驗，因為這是除了帕提之外，沒有另一個人能夠加以見證。有鑑於他的故事中沒有客觀元素，所以無法將其視為共享經驗。

然而當帕提從他的瀕死經驗中康復之後，這一切發生了改變。光體派遣了天使麥可和拉斐爾來傳遞信息。而光體向帕提傳遞的最重要信息是他的醫生生涯已經結束，從現在起，帕提需要練習一種稱為「意識療法」的醫學。[10]問題在於帕提對這種治療方式一無所知，而且他也記不得光體所教導的全部內容。

在帕提第一次以意識療癒者的身分帶領諮商小組的前一天，這兩位天使在他冥想時來到他身邊。他們以前曾在帕提冥想時出現過，兩人充滿了幽默，還說了許多笑話，但這一天他們異常嚴肅。他們突然出現，進行了心靈傳遞，然後就消失了。

帕提結束冥想時立刻跑到書桌前，寫下了意識療法的七個基本真理，他將這些真理稱之為「瀕死經驗宣言」：

1. 意識可以存在於身體之外。

2. 死後仍有生命。
3. 我們有過去的生命，而過往的經歷會影響我們當下的現實。
4. 我們彼此相連，由同一能量所構成，這個能量展現為不同的物質。
5. 神聖的存在是為了幫助和指引我們。
6. 意識有不同的層次。
7. 有一種無所不在的無上智慧與愛的存在，它是整個宇宙的源頭，而這種愛是創造的至高來源。[11]

帕提在瀕死經驗中經歷的事如此地異於尋常，使他完全改變了之前所從事的醫療方式，從他現在認為導致高比例成癮的基礎醫療藥物，轉向以意識治療為基礎的療癒方式來治療「靈魂的疾病」。這種療法採用同儕審查（peer-reviewed）的模式，以瑜伽、冥想、色彩光療法、按摩等經過充分研究且不會導致成癮的治療方法，促進整體健康的改善。

帕提的轉變對認識他的人來說顯而易見，也因此使得這個案例成為了一種共歷死亡經驗。（而且，帕提確實被「光」改變了。這是可以恰如其分地被納入〈見證三：轉變之光〉中的故事。）

雖然這個章節中所提及的每個案例有非常大的差異，但它們都是由死亡經驗所引發的自發性改變。這些變化如何發生仍然是一個謎，這個謎甚至令一些世界上最聰明的人感到困惑。但這或許也無妨，因為在共歷死亡經驗中，重要的可能不是如何或為什麼，而是它們在需要的地方帶來了正向的改變。

如同作家法蘭克・赫伯特（Frank Herbert）在《沙丘》（*Dune*）中所言：「生命的奧祕不是一個需要解決的問題，而是一個需要經歷的現實。」[12]

無法解釋的療癒力

自發性的改變當然不一定和守護天使有關。大多數的共歷死亡經驗中都有一種療癒的特質，啟動了個人在身體或心靈狀態上的轉變。這些轉變能夠治癒疾病，有時候甚至是絕症，也能在個人的生活中引發改變人生的新技能。當自發性的改變在瀕死經驗之後發生時，這種改變幾乎是即時的，有時變化如此瞬間，就像是一盞燈的開關被打開了一樣，因此感覺上就如同奇蹟一般。

悲傷的療癒力量

這是一個來自傑佛瑞．朗的瀕死經歷研究基金會的案例，是關於桑娜（Sanna F.）在她九十一歲祖母臨終時守在床邊所發生的，她也從這次的經歷獲得了正向的改變。以下是她所寫的故事：

祖母去世的幾天前，說她看到了好靈魂圍繞在她身邊。她去世的那天非常虛弱，也無法言語。我們在家盡力地照顧她，但大家都能感覺到她正在忍受疼痛……她已經十天沒有吃固體食物了，背上也長了褥瘡。當我們感覺到祖母即將不久人世臨時，家人們都圍繞在她身旁，並在房間裡聊天……我注意到她似乎很痛苦，儘管她已經失去了溝通的能力……

突然，堂哥請我們看她的眼睛……祖母的眼睛完全睜開，而且比之前睜得還要大、眼珠也更藍，她似乎在直視著什麼，她的皮膚變得蒼白。這景象既怪異又令人震驚。我相信我當時說：「她正在見上帝！」我的姊姊和堂哥們驚訝地凝視著，無法動彈……

祖母的眼睛依然緊盯著上方的某個東西，就像她在接收某個訊息一樣。某種光

（可能是從祖母體內發出來的，不然就是從她身上反射來的）照亮了祖母的雙眼，她的上半身似乎被抬起或升高了，但我也只記得這個，因為角度的關係，我只能看到她的臉部。不知為何，我無法將目光從她的臉龐移開，就好像有人指示我不要轉移視線一樣。我突然覺得我們正處於一種神聖的存在之中，雖然看不到祖母在看什麼，但我感覺到那可能是上帝、耶穌或是天使。那個存在似乎具有男性的特質，非常高大，散發出閃亮的光芒。我不是用肉眼看到的，而是透過心靈感應到的。我清楚地「看到」他的長袍接觸到地面，他似乎知道祖母的一切，好像她的一生就在他面前展現似的。「權威的化身」是最適當的形容詞，我感到極其榮幸地能在他的面前。因此，出於對祖母命運的尊重，以及自己正處於這個強大且超凡存在的面前，我跪下來祈禱……我感覺到他以心靈感應的方式命令她跟隨，也感覺他說了一句「跟我來」之類的話。

更令人震驚的是，當祖母即將離世並準備跟隨他時，我們感受到的那種興奮與喜悅是如此地無法抑制，遠超過人類大腦所能夠體驗的任何感受。那種感覺就像我們短暫接觸到了更廣闊、凝聚的意識——是一種不可能被重現的感覺。任何語句都無法適切地描述我們當時所感受到的能量。奇怪的是，我立刻認出了這種感覺，那是家的感覺。[13]

祖母去世讓桑娜感到非常難過。某些原因讓她無法「正常」地哀悼。她寫道：「那次的經歷在我腦海中反覆重現，至少持續了一個星期。我渴望再次感受到祖母去世時那種興奮喜悅的能量。」[14]

桑娜開始思考那段經歷，隨後，她的感受有了一百八十度的轉變。她寫道：「最後我意識到，能夠經歷那樣的共歷死亡經驗其實是一種榮幸。能知道我的祖母現在到了一個更好的地方，是一種美好的感覺。而自從那次的經歷後，我的心率明顯下降了。我之前被診斷出患有廣泛性焦慮症，並曾服用藥物治療。但我現在覺得自從那次的經歷之後，焦慮感得到了某種程度的緩解。我感覺自己對他人，包括陌生人的愛更多了。或許我永遠無法完全瞭解那些發生的事情，但我依然感到感激。」[15]

桑娜的祖母是在幾年前去世的，為了確定她的焦慮程度是否仍然有所改善，我和保羅聯繫了桑娜。當我們詢問她的焦慮症狀是否加重時，她堅定地給了否定的答覆，並說她的靜止心率比之前被慢性焦慮症困擾時，每分鐘至少低了十次。[16]

她寫道：「我覺得這種改變不僅只是焦慮狀態上的改變，我現在的每一個想法都比以前更專注於當下。過去的我比較常關注未來（像是行事曆上即將到來的安排、即將面臨的問題等等），這讓我對很多事情感到壓力重重。但自從那次的經歷後，我感覺自己非常專注於『現在』。我最近剛剛讀完布魯斯・葛瑞森醫師的《死亡之後》（*After*）一書，他在結尾時提到，這種現象（專注於當下）是一種常見的後遺症，我認為這和我的焦慮減少和心率降低有著內在的關聯。」[17]

桑娜的故事顯示，共歷死亡經驗可以迅速且深刻地改變一個人，讓一個人變得更好。這種改變對桑娜來說是個驚喜，正如她所說：「我最初並不認為這次的經歷和我有多大的關係，當時覺得這完全是跟祖母有關。直到幾個星期之後，我才開始注意到，我的焦慮感消失了。」[18]

桑娜不知道她的焦慮感為什麼會逐漸減低，她只知道這和祖母的離世有關，所以她認為這是一份來自家族長輩的臨別禮物，一份她非常珍惜的神祕禮物。

被忽略的奇蹟

這是一個來自英國外科護理師潘妮・薩托里（Penny Sartori）所蒐集的非凡自癒

故事，她在重症加護病房的工作期間，開始對死亡研究產生興趣，也目睹了與死亡相關的事件。她在重症加護病房中蒐集了一些非常有趣的瀕死經驗紀錄，其中包括以下這個廣為人知的案例：

這是一名患有小兒腦性麻痺的男性，他自出生以來就一直不良於行，右手也長期保持緊握拳頭的狀態。他的腳踝經常腫脹，腎功能也不正常，但這些問題都不是導致他瀕死的原因，而是因為成年後接受結腸癌的緊急手術，然後感染了敗血症。一旦敗血症發作，就可能致命——這也是為什麼這個故事被認為是一個瀕死經驗的原因。

薩托里在手術後幾天拜訪了這名男性，她當時也參與了這場手術。男子告訴她，在手術過程中他曾離開自己的身體，而且能聽到和看到周圍發生的一切。他說看到薩托里「從他嘴裡拔出一根看起來像長長的粉紅色棒棒糖的東西，就一根長長的、粉紅色的東西在一根棍子上」。[19]之後被證實是取出了一個手術海綿。他還看見了外科醫生在他眼前拿著什麼東西，並說了「眼睛裡有生命」之類的話[20]；他還說看到了已經過世的父母也在手術室裡，然後跟他的父親「不是透過嘴巴，而是透過心靈」進行了交談。[21]

這名男子描述的靈魂出竅經驗很有趣，但整個過程算是相當常見；不過之後發生的事則堪稱奇蹟般的療癒。在經歷了成年後完全不同的感染問題而導致瀕死經驗後，他竟然在六十年後第一次能夠鬆開了自己的右手！他的手在此後也持續能夠正常使用。

這名男性患者的妹妹和一位長期替他治療的物理治療師，都證實了他之前的右手受損，從前的治療紀錄也證實了這一點。這位物理治療師認為，除非進行肌腱手術，否則他的手不可能自行打開。不僅如此，這名男子的行走能力也恢復了正常，他的腳踝不再像之前那樣腫脹，甚至連腎功能也完全恢復。[22]

在故事繼續之前，讓我們先仔細探察這個案例。畢竟在這名男子的手術過程中，確實發生了一件奇蹟。這名男子六十年來一直生活在由腦性麻痺引起的問題中（無論是外在或內心），除此之外，他還在進行結腸癌的緊急手術時差點喪命，並經歷了一次深刻的靈魂出竅經驗，也就是說他當時可能已經非常接近死亡。

然而，儘管經歷了幾乎致命的手術及先前的生活壓力，他醒來後卻擁有了一個重組的大腦部和完全正常運作的身體。

關於這個案例，薩托里說：「還有其他案例中的一些人被治癒了，但我們只知道有一些我們無法解釋的事情正在發生。」[23]這的確是事實——歷史上記錄了數以千計的自發性康復案例。

預知未來的夢

這是一個簡短但獨特的共歷死亡經驗，也為伊莉莎帶來以為自己已經不再擁有的未來。她先是經歷了重大的手術，切除了體內的癌細胞組織以及可能被蔓延的其他組織，她的腹腔有好幾天都被灌入一百四十度的化療藥物。她在這段期間所做的夢，都跟「黑色瀝青沼澤中的怪物將她拉入黑暗的地球」有關。

嗎啡的作用幾乎讓她完全失去意識，伊莉莎「攀在這個世界的邊緣，一隻腳已踏入了另一個世界」。

就在伊莉莎準備放棄的時候，她覺得有一隻手抓住了她的手，輕輕地按壓想引起她的注意。隨後她聽到了一個年輕男子溫柔呼喚她的聲音，懇求地說：「奶奶。」

伊莉莎睜開眼睛，看見一位有一頭深色頭髮的年輕英俊男子，但她並不認識他。

「妳必須留下來，奶奶，因為我還不認識妳呢。」他說。

她說在這之後，自己就記不清楚了，但伊莉莎的記憶顯然沒有完全消失。那位年輕人的出現深深烙印在她的心中，事實上，這似乎成了她繼續活下去的動力。她告訴親近的朋友和家人這次的遭遇，以及這如何讓她繼續在康復的道路上前進。令她驚喜的是，這件事似乎在某一天成真了。她的兒子有了一個男孩，她覺得這個男孩將來會成長為她在醫院裡看到的那個年輕人。[24]

伊莉莎的共歷死亡經驗是一種未來的預兆嗎？只有時間能證明。但從這些經驗來看，我願意打賭伊莉莎將會看到她的孫子長大，並成為她在艱難的康復期間所看到的那個深色頭髮的男孩。

新發現的技能

除了療癒之外，瀕死經驗之後也可能會出現之前一無所知的技能。當瀕死親歷者像是內心的某些東西被啟動般，開始專注於他們之前沒有興趣的新事物時，這些技能也變得顯而易見。而這些新技能通常偏向藝術性，這可能會讓你想起我們在〈見證三：轉變之光〉中探討了在瀕死經驗後獲得新知識的部分。莫．杭特的故事就是一個很好的例子，他在瀕死經驗之前沒有任何藝術才能，但之後的他卻熱衷於利用回收素材創作流行文化相關的作品。也有其他人成為畫家或作家。而東尼·齊哥利亞（Tony Cicoria）博士則在接下來的故事中，提到自己在經歷瀕死經驗後，成為了一位鋼琴家。

改變人生的事件

這個自發性改善的故事始於一次令人恐懼的瀕死經歷，但我們的主角在之後獲取了一項改變人生的新技能，使他在全世界名聲大噪。這位主角是美國紐約州北部的骨科醫生東尼·齊哥利亞，他之所以能夠獲得了新能力，似乎要歸功於他在一九九四年的一次家庭野餐時，從公共電話亭打電話給他的母親。當他準備掛斷電話時，他的人生徹底地翻轉。

我用左手把電話聽筒從臉旁移開，準備掛斷電話。當聽筒離我的臉大約三十公分的距離時，我聽到了震耳欲聾的巨響，同時看到一道閃亮的光從我手上握著的聽筒中迸發出來。一道強大的閃電擊中了電話亭，然後從電話打上了我的臉，強大的電力迅速傳向地面。

閃電的巨大衝擊力像甩布娃娃一樣把我拋向後方，雖然身體受到了嚴重的物理創傷，但我感覺到有些奇怪而無法解釋的事情正在發生。當我的身體向後噴飛時，我卻覺得「我」在向前移動，可是我又似乎一動也沒動地站在原地，茫然地盯著懸掛在我面前的電話。[25]

混亂隨之而來。齊哥利亞的岳母在樓梯上尖叫。他看向她，但她低頭看著被雷擊中的他的身體，而不是齊哥利亞。他很快就意識到自己已經離開了身體，變得無形，飄浮在岳母的上方。齊哥利亞的目光隨著岳母的視線移動，這時他才看到自己靜止不動的身體躺在地上。「我一定是死了。」他想。

人們開始在他的身體周圍聚集，似乎沒有人知道該怎麼辦。齊哥利亞開始大聲地叫喊，可是沒有人能看到或聽到。終於有一個女人挺身而出，她跪在地上，開始進行胸部按壓。[26]

齊哥利亞轉身跑上樓去找他的家人，當他跑上二樓時，他的腿竟然開始消失。他說自己「只剩下一團能量和思想」。[27]

在驚慌中，齊哥利亞穿過了樓上的牆壁，掉進了一條「藍白色的光河」中。他形容當時他感受到了一生中最愉悅的感覺，一種「純粹的愛與平和的感覺」。[28]

齊哥利亞稱此為「上帝的能量」，是流經萬物並賦予世界活力的生命能量。[29]

在齊哥利亞的意識中，出現了一幅壁畫，上面展現了他人生中的高低起伏。這是一種圖像化的生命回顧，齊哥利亞並未感到恐懼，他仍然在那條藍白色的光河之中，也想要繼續留在裡頭，隨著河流的帶領去向任何地方。但事情並未如他所願。齊哥利亞突然就像一個開關被按下般，回到了現實世界，重新進入了自己的身體，感受到從頭到腳被閃電擊穿的灼燒之痛。

他抬頭看著那位剛才對他進行心肺復甦術的女人，說出了他腦海中冒出的第一句話：「沒事了，我是醫生。」[30]

齊哥利亞拒絕被送去醫院，不過他不久之後還是去了心臟科及神經科醫生那裡檢查，結果顯示他的健康狀況一切良好。在休息和放鬆了一個星期後，他回到了繁忙的外科手術工作。但，一切並不如往常。[31]

他的生活突然之間起了變化，他無法克制地想要聆聽古典音樂，這讓齊哥利亞感到驚訝不已。他形容自己是「六〇年代的孩子」，通常只對經典搖滾樂感興趣。[32]

而他唯一接觸過的古典音樂或音樂訓練，是他七歲時母親強迫他上了一年的鋼琴課。

他現在只要一有機會就會聆聽古典樂，甚至從家裡開一個多小時的車到紐約州的奧爾巴尼，只為了買一張蕭邦的音樂光碟，他經常播放來聽。

在接下來的兩個星期裡，齊哥利亞覺得自己必須彈鋼琴。可惜的是，他的家裡沒有鋼琴，也不記得童年時的鋼琴課上過什麼。

然而，一切似乎冥冥之中自有安排。齊哥利亞家裡的保姆因為即將搬家，所以拜託齊哥利亞讓她把鋼琴寄放在他家裡一年。隨著這架意外到來的鋼琴，齊哥利亞買了鋼琴初學者的書以及蕭邦的樂譜。齊哥利亞的夢中不斷出現複雜的音樂片段，這些夢不像普通的夢，感覺更像是「靈魂出竅的經歷」。[33]

自從開始自學鋼琴之後，齊哥利亞做了一個夢，他夢見自己站在自己的身旁，看著自己在音樂廳裡演奏。在做了幾次這樣的夢之後，齊哥利亞發現他在夢中演奏的並不是蕭邦的作品，而是他自己創作的樂曲。

在這個同樣的夢反覆出現幾次之後的某天晚上，齊哥利亞起身走向鋼琴，試著重彈夢中演奏的樂曲。但是無論他怎麼嘗試，都無法彈出腦海中的那段音樂。

齊哥利亞開始對那段音樂變得沉迷，他深信自己能在那次被閃電擊中的事件中倖存下來的唯一原因，就是因為音樂。這樣的信念讓齊哥利亞為了重現那段音樂，每天清晨四點到六點半都會坐在鋼琴前練習，然後再去醫院工作十二個小時。晚上孩子們入睡之後，他又繼續練彈，直到睏得打瞌睡。他說：「不知道為什麼，我讓自己相信我能活下來的唯一原因與這段音樂有關。我真的變得過於狂熱了。」[34]

隨著幾年過去，齊哥利亞在家教的幫助下（包括一位受過茱莉亞音樂學院培訓的鋼琴家），他的琴技得到了高度的提升，並曾在紐約奧尼昂塔的福特希爾表演藝術與市民中心，以及位於奧地利維也納的莫札特故居演奏過他自己創作的作品——《閃電奏鳴曲》（*The Lightning Sonata*）。[35]

雖然這項天賦的來源讓齊哥利亞感到困惑，更讓他從臉到腳都留下了被閃電灼燒的傷痕，但他的大腦測試並未顯示出因為新出現的音樂才能而呈現的變化，也找不出任何可能的解釋。

著名的神經學家及作家奧利佛．薩克斯（Oliver Sacks）醫生探討了齊哥利亞遭受閃電擊中的可能影響，並提出了幾種理論。其中一種可能性，是閃電啟動了一個潛伏的基因；另一種理論則認為，他可能因為強大的電流而重新「接上線」。[36]齊哥利亞自己並不確定「這一切意味著什麼」，他只知道自己獲得了一種「特殊的天賦」，所以現在可以彈出「來自天堂的音樂」。[37]對他而言，這樣的解釋已經足夠。

這樣的事情怎麼可能發生，尤其是在幾乎瞬間發生？這類事件無疑是死亡研究領域中最神祕的現象之一，撇開其他的不說，這些事件顯示出，在幾乎必死無疑的狀況下，可以重啟一個更好的新生命。

齊哥利亞在一篇和他的案例有關的醫學期刊文章中總結道：「身為一名醫生和科學家，我對自己所經歷的事情持謹慎的態度。但對我來說很清楚，我的意識在死亡中倖存了下來，而我在瀕死和靈魂出竅體驗中的細節都獲得了驗證，若不是透過精神意識在體外的遊走，是根本不可能知道這些細節的。」[38]

齊哥利亞總結說：「生命的禮物大於所有的其他部分，而無論意識是什麼，它都能在死亡中倖存。」[39]

為什麼自發性的靈感、自癒和技能顯示了死後世界的存在

突然出現的靈感或守護天使，幫助引導瀕死親歷者度過他們的一生或擁有新的

興趣；奇蹟般的復原以及獲得全新或潛在的才能，這些都是共歷死亡經驗的一部分，因為在瀕死親歷者回到現實生活後，這些現象都會立即或在之後的生活中顯現出來，特別是在許多僥倖逃過重大致命傷害或疾病的人身上。我在幾十年的時間裡，認識了許多這樣的倖存者。那些讓他們的生活產生變化的經歷，在之後所帶來的影響，是我在那段時期中最為訝異的。對我來說，瀕死經驗帶來的生活轉變，明顯和更常見的世俗生活事件（像是離婚、自然災害或子女出生）引發的轉變截然不同。

我認為與神聖力量的接觸，是瀕死經驗所帶來的改變與那些由世俗原因引起的改變之所以能夠區分開來的關鍵。在某些情況下，這些非凡的生活轉變似乎為死後世界的存在增加了可信度。瀕死經驗是一種對死後世界的驚鴻一瞥，也是令人期待確實有另一個充滿善意和愛的世界的理由。在與經歷過瀕死事件、遇見守護天使、奇蹟般康復並獲得新才能的人交談時，雖然他們的經歷大相逕庭，但我注意到了一個共同點：他們，與書中的其他瀕死親歷者一樣，再也不懼怕死亡了。他們知道在離開肉身後，將會有一些美好的事物在等待著他們。對我來說，他們在生活中的變化，正更進一步證明了死後生命的可信度。

見證六

光、霧與樂聲

當霧散去，星星和月亮在夜空中出現，那將是一幅美麗的景象。

——傑克・凱魯亞克（Jack Kerouac）

七〇年代初期，甚至在《死後的世界》出版之前，我已經成為同儕們的「醫學告解者」，因為他們經歷了一些無法解釋的事，這些事件在醫學書籍中找不到答案。

例如，我在一九七二年十二月首次從我的一位醫學教授那裡聽到了共歷死亡經驗。她聽說我正在研究超自然現象，於是告訴我一個她從未向任何醫生或醫學生透露的寶貴祕密。

她的母親因心臟病發作在家中昏倒，這位教授嘗試替母親進行心肺復甦術，但卻無濟於事。但就在她努力救治的過程中，她經歷了靈魂出竅，升到了天花板。當她轉身看著昏迷的母親時，卻看到母親就在她的身邊微笑著，儘管死亡即將來臨。

這位教授接著還看到了另一件事情——宇宙出現了一道裂縫，像「流水」一樣將光線倒入房間，而這光中還有她母親已故的幾位朋友。當她的母親飄向朋友們並加入他們時，這道光線就像相機鏡頭一樣旋轉閉合，然後就消失了。[1]

從那時以後，我陸續聽了數百個共歷死亡經驗的故事，這些故事來自醫生、護理師、各種教育程度以及其他職業的人。這麼多人向我和我的同事講述共歷死亡經驗，讓我瞭解到這些故事被實際報導的數量還遠遠不足。

同樣的情況也發生在本章將要探討的現象——在他人死亡時，旁觀者所經歷的神祕光、霧和音樂聲等現象。這些屬於共歷死亡經驗現象被目擊的紀錄，比實際發生的數量還要少很多，這些現象往往因為過於其奇特而未被報導。這種情況在過去也曾出現在瀕死經驗上，當時人們不願意報告這些經歷，因為醫生將其稱為「噩夢」、幻覺，甚至更糟的——一種短暫的精神疾病。也因此，患者覺得自己的經歷會被輕視，就只能將其深埋在心中。

不過當許多人在同一時間聽到或看到同樣的事情時，這種現象就會得到特別的關注。畢竟在陪伴親人臨終時經歷神祕的光、霧或樂聲，顯然是某種超自然的力量，尤其是在場的其他人也有相同的經歷時。現在有愈來愈多的人開始談論這些事件，而隨著這樣的討論，其中的真實性也正在被研究與確認。

共歷死亡經驗中的要素

為什麼光、霧和樂聲在共歷死亡經驗中扮演著如此重要的角色？目擊者如何看待這些在臨終時意外出現的狀況？這些現象是否經常發生？它們是令人恐懼？還是象徵著即將到來的美好生活？科學如何解釋這些現象，或者科學是否曾嘗試解釋這些現象？

在回答這些問題之前，讓我們先來看看一些目擊這些要素的案例研究。請記住，這裡引用的案例皆來自可靠的見證人，其中有一些是長時間陪伴臨終病患的醫療專業人士。

此外值得注意的，是這當中會出現一罕見的些組合案例，亦即三個要素（光、霧和音樂聲）中的兩個或三個同時出現在單一的案例。例如在一些十九世紀的研究中，調查員發現了靈性樂聲與光結合的紀錄，這幾乎就像是在臨終者的房間裡創造出一種燈光效果。有時候光與樂音會在病患過世後持續一段時間，然後才逐漸消失。這裡甚至還有一個報告當中，結合了光與靈魂出竅的經驗。

我將首先提供每個要素的個案研究，好讓大家更熟悉我們討論的內容。接著，再提出我和其他人認為這些現象之所以發生的總體理論。

光

首先是「光」這個要素，有時可以看到光從臨終者身上散發出來，或出現在他們周圍，可能籠罩著整個房間，或發散在身體的上方。有時看起來像光霧，這也是我們接下來會討論到的要素，有趣的是以下的故事當中就包含了兩則粉紅色霧氣的例子。此外，光的顏色也會根據旁觀者的視覺角度而有所變化，通常會是白光，但有時也會出現溫暖的光。

來自彼岸的光

這是一個關於護理師見證病患「發光」的典型臨終經歷，來自美國心理學之父卡爾・榮格，他在自傳中寫到了自身的共歷死亡經驗。

我一九四四年初摔斷了腿，隨後又心臟病發。在無意識的狀態下，我經歷了譫妄和幻象，這可能是發生在我生命垂危、被供給氧氣和藥物的時候。這些影像如此鮮明，以至於我認為自己即將死亡。後來我的護理師告訴我，「你就像是被一道明亮的光環繞著！」這是她有時會在瀕死病人身上觀察到的現象。當時的我正處於生死邊緣，不知道自己是在做夢還是在欣喜之中。[2]

那些在死亡經歷中「看見光」的人——無論是他們自己還是別人，都說那不只是光，而是具有「實體」的光，會將他們「包裹」在從未感受過的愛與關懷的毯子之中。有時，這道光甚至會穿透旁觀者。

這裡有一個來自一位家庭護理師例子，她曾照顧過大約一百位的安寧病患，但從未有過光的經歷，除了這一次。

在她去世的那天早上，我花了一些時間與她交談，想讓她保持清醒。她一開始還有反應，但後來慢慢失去意識。她的聲音變得微弱，接著她說話的語句開始變得不連貫，無法完成一整句。然後她就不再說話了，呼吸也開始變得困難。

我坐在床邊俯身靠向她，大多數病人在臨終時都希望有人陪在身邊，我想這是為了從這種靠近中獲得延續的能量。這位女士已經九十多歲了，從來沒有人來看過她，但她似乎也不在乎。她的病歷顯示她的家人住在美國中西部，她的丈夫很久之前就已經去世了。

當時是晚上，房裡的燈光很暗，非常非常暗。保持昏暗似乎能讓人感到舒適，至少對我來說是這樣。而她正處於臨終時刻，燈光亮不亮大概也沒什麼差別了。

不過，我還是靠向她，聆聽她的呼吸聲，確認她還活著。我這樣做了大概五、六次之後，突然間一道光迸裂開來，我不但看到，還能感覺得到。那道光就像非常強烈的聲波般穿透了我，然後持續了幾秒鐘（大約三秒），只要光還在的時間，強烈的聲波就一直存在。接著它們就都消失了。

我再也聽不到病人的心跳或感覺到她的呼吸。我在那一瞬間想到了許多事情，首先，我想她的靈魂可能穿過了我，這不知道會不會對我的健康不好。我聽過其他護理師提到光的故事，但從來沒聽他們被光穿過身體。對我來說，那光就像是一陣風，穿過了我的胸膛。那道光似乎是那位女士離去的時候，從她身上散發出來的。我覺得驚嚇、恐懼，同時也有些激動。

現在回想起來還是很困惑，我知道自己感受到的一切都是真實的……我有很長一段時間感覺自己是被選中來經歷這一切，像是來自上帝的恩典。我會說，這個經歷讓我的生活有了很大的改變，它讓我成為了一個更好、更快樂的人。3

九位目擊者

其他人也提到了集體目擊完整的人形離開臨終者身體的情況，像是一九三〇年由牧師漢斯．馬滕森拉森（Hans Martensen-Larsen）的朋友所描述的這個例子：

那時，我那虔誠且和我非常親近的姑姑正處於臨終時刻，而我要描述的這件事，是當時在場的九個人共同經歷的。當我姑姑嚥下了最後一口氣時，她的女兒握著她的手說：「她已經走了。」

這時在場的每一個人，包括她的丈夫、孩子和僕人，都看到一個光的形體從床頭浮上來，穿過房間朝著窗戶移動，最後穿越窗戶，飛向外面的天空。4

光的啟示

大多數時候，光並非來自於臨終者，甚至不是來自於天使。事實上，它也不一定在死亡的那一刻出現。在以下這位女士的案例中，伴隨著她姊姊死亡時的光只是瀰漫了整間臥室，讓所有看到它的人留下了深刻的靈性影響。

大約十年前，我深愛的姊姊在家中的臥室裡因癌症溘然離世。我和我的另一個姊姊與姊夫當時都在場。大約在姊姊去世的前一週，閃耀的白色光線充滿了整個房間，我們所有人都看到了這道光。我感到與房間裡的每個人有一種強烈的愛和聯繫，包括我們看不見但感覺得到他們存在的「靈魂」。

對我來說，除了這道白光和我病重的姊姊，我其實什麼都沒看到。多年來，我一直覺得那道光在對我說：「這個房子，這些東西，它們都不是真實的。」我對為什麼會有這樣的想法感到困惑，但現在我明白，我是在體驗臨終的姊姊所感受到的。這是多麼大的啟示啊！我無法用言語表達這個經歷對我的影響，這絕對不是我以前會想到的事情。[5]

光的經驗有其獨特的特徵，它有時從臨終者身上散發出來，有時則似乎突然出現在空氣中，沒有特定的來源。當這種情況發生時，房間會自行變亮，然後在臨終者去世後迅速消散。

看到這道光的人都認為它美得難以形容。在接下來的案例中，一位護理師在見證母親去世時所伴隨的光輝後，由於那道光實在美得令人屏息，以至於她之後看到人工的燈泡亮光時會感到不適。

我母親的病情來得很突然，從原本健康的狀態迅速惡化，並在診斷後的幾個星期就黯然離世。我們家沒有任何的宗教信仰，所以我對這類事情一無所知。

房間裡的光線變了。我以為那是因為換上的燈泡是新型的，發出的光會看起來像是覆蓋了一層霧。

然而當這道強烈的白光進入房間時，我看見那些燈泡發出的光竟然會感到噁心，幾乎是反胃的感覺，因為它們讓我的母親看起來那麼地虛假和不自然，新的光卻是如此光彩奪目。

在這件事之後，我確信死後有另一種生命，我們會脫離肉體前往別的地方。此後，我對那些新型的醜陋燈泡總是十分反感，在那之前我從來不在意，直到看見那醜陋的燈光與那美麗的光並存。[6]

根據研究顯示，那些經歷過瀕死經驗的人，由於接觸到那道明亮的光，因此對死亡的恐懼比一般人減少了一半。[7]這道光被描述為具有實體，通常伴隨著一個光體，這個光體大多被形容為守護天使或神。瀕死親歷者認為到這道光改變了他們的性格，而且是持續一生的改變。他們還說，因為接觸到這道光，所以他們對死亡的恐懼減少，整體的健康狀態也得到改善。

如果這樣的現象還不夠超自然，在瀕死經驗中看到光的人，在事件發生之後得到驗證的比例，是單純經歷瀕死經驗者的四倍。[8]此外，你剛剛讀到的故事並不是瀕死經驗，而是共歷死亡經驗，這也表示關於光對目擊者所產生的影響的研究，尚未在共歷死亡經驗中展開。

我也希望這個令人好奇的問題能激勵我的同事們進一步探索，這樣我們就可以在未來讀到更多相關的研究。更多有關瀕死經驗後的轉變，請見〈見證三：轉變之光〉。

像光一樣，霧也會出現在整個房間裡，或者集中在臨終者的身體上。許多見證人在臨終者的最後時刻，看到一股霧氣從他們的身體升起，通常被描述為一種白色、灰色，甚至是粉紅色或帶有淡綠色的薄霧，觸感清涼，像霧一樣。有些目擊者說，它像霧一樣消散；但另一些人則看到它聚集成一個球體，然後滑入空中的某個開口並消失，這也使他們相信這團霧氣有一個前往的目的地。

我多年來聽過許多醫生和護理師提及自身的超自然經歷，而我也正是透過他們瞭解到病人的經歷遠不止於醫療紀錄上所記載的內容。在我的第一本書出版後，我以「死亡醫生」的非正式身分，初次聽到了這些未解之謎中最離奇的一個——一位醫生與霧氣的相遇。

眼見為憑

讓我就稱接下來要提到的這位為史密斯醫生。我們第一次交談時，他已經快四十歲了，不過他描述的這個經歷發生在幾年前他還是住院醫師的時候。

他說，那是病房裡一個寧靜的夜晚，他正坐在醫生休息室裡與其他醫生聊天，並閱讀醫學期刊。突然，休息室的門被推開，一位護理師探頭進來。

她對史密斯醫生說：「您的其中一位病人狀況似乎不太好，她喘不過氣來，還一直喃喃自語，眼睛瞪得大大的！」

史密斯醫生站起來走向走廊時，話說到一半的護理師便讓到一旁，兩人急忙趕到病人的私人病房。護理師離開後，留下史密斯醫生單獨和病人在一起。史密斯醫生花了一點時間，才讓眼睛適應房裡的昏暗。

這位病人已經八十多歲，是一名老菸槍；她患有輕度心臟病以及嚴重的慢性阻塞性肺病（COPD），再加上日益惡化的感冒。她因為體內的氧氣量大幅下降而引起了大家的擔憂，所以被送進醫院，當時她體內的氧氣量遠低於早些時候查房時的情況。

史密斯醫生轉動操控鈕，增加了通過鼻管進入病人體內的氧氣量，並調整了靜脈注射液的流量，他希望這些調整能讓病人有所好轉。但是當史密斯醫生檢查病人的心臟時，跳動的聲音非常微弱，這不免讓他感到擔憂。

「然後，忽然間，一股霧氣從她的身體升起。是粉紅色的，像一朵雲一樣飄浮在空中，」他說：「我完全沒有心理準備。這些事在醫學書籍裡肯定找不到。」

史密斯醫生注視著這朵粉色的雲，直到它逐漸消散。他感到一陣寒冷，並擔心是不是設備出了什麼問題，但事後設備部門確認這些機器設備不可能釋放出任何雲霧或霧氣。

接著他再次檢查病人的心臟，卻什麼也聽不到。她的心電圖顯示器發出嘟嘟嘟的聲響，螢幕也出現一條直平線。

「事情就是這樣。」他疑惑地說：「但那朵雲究竟是什麼？」[9]

可以被記錄下來的一刻

有趣的是，接下是另一個提到粉紅色霧氣的報告。這是來自一位名為凱倫的護理師在華盛頓州斯波坎市的一份報紙上講述的經歷。當時一位專欄作家向讀者提問：「有人真的知道人的靈魂或精神什麼時候會離開身體嗎？」而凱倫以她的親身經歷來回答這個問題。

我在距今的二十多年前，經歷了一件至今仍歷歷在目的事。當時我在（當地醫院）的加護病房工作，我的病人是一名在車禍中受傷的年輕男子……他靠著生命維持系統存活。他的父母同意捐贈器官，所以我們正等著開始這個過程。

那天清晨，我和他的母親分別站在病床的兩側，低頭看著這位看起來彷彿沈睡中的英俊年輕人。當他的胸膛繼續起伏時，我感覺到（而不是看到）病房裡的光線發生了奇怪的變化。然後，一股粉紅色的霧氣似乎在他的身體上出現，懸浮了一陣子後飄散到房間裡，然後漸漸消失了。呼吸機繼續將空氣推入他的肺部……但他的身體似乎已經空了，變成一個扁平的外殼。雖然沒有科學證據能夠證明生物體擁有靈魂，但在那一刻，我感覺自己剛剛見證了靈魂離開身體。[10]

煙霧的報告

報告中有許多關於霧氣聚集在臨終病床的周圍，然而大多數的醫界人士通常將這些現象視為幻覺，但不是所有人都這樣認為。身為英國皇家精神科醫師學院院士以及著名的英國精神病學家的彼得·芬威克醫生（Peter Fenwick），曾與同為臨終研究者的妻子伊麗莎白·芬威克（Elizabeth Fenwick）在二〇〇八年共同撰寫的書中，討論了死亡時從身體冒出的煙霧或「灰色霧氣」。[11]英國靈魂研究者羅伯·庫克爾

（Robert Crookall）在一九七〇年也記載了霍特醫生（Dr. R. B. Hout）觀察到他的姑母過世時散發出霧氣的經歷。

我的注意力被吸引到空氣中的某個東西……懸浮在身體正上方大約六十公分處。起初，我只能分辨出一團像霧般的模糊輪廓，似乎只是一團懸浮的霧氣。但是當我繼續看下去時，那團霧氣逐漸凝結成一個更密實的實體形態。然後，我驚訝地看到明顯的輪廓逐漸呈現，這團霧開始出現一個人的外貌。[12]

神祕經歷

這個案例是一位母親看到自己的兒子離開了他的身體的戲劇性場景，雖然主治醫生以為她的兒子會活下來，他在不久後還是去世了。這個案例發生在一九九〇年代的西雅圖：

我當時非常激動。醫生們衝進了病房，我則被帶到外面，醫生們開始對他的身體進行搶救。我從走廊的玻璃窗看著他們竭盡所能，我哭了，因為我預期了最壞的結果。突然，我看到兒子直接從他的身體裡飛了出來！還有一縷霧氣飄起。他在天花板附近盤旋了幾秒鐘，然後就消失了！這時其中一位醫生出來告訴我，他們已經把他救回來了，但我知道他們沒有。我告訴他，我剛剛看見我的孩子離開了他的身體，醫生問我是否想坐下來。幾分鐘後，另一位醫生出來宣布他已經去世了。[13]

有些人看到霧，有些人什麼也沒看到

關於霧的現象之所以令人感到激動，是因為通常和臨終者一起在房間裡的所有人都能看到。但是也有少數獨特的案例中，只有一群人中的某個人看到這種現象。就像我在一次歐洲會議上與一位人士交談時聽到的故事，他告訴我：「當我母親去世時，我看到她的頭上冒出了一縷煙霧。那縷煙霧停留了一會兒，然後飄到天花板，又停留了一下子，就穿過天花板消失了。我姊姊當時也在房間裡，但她卻沒看到什麼異常之處。直到今天她還不相信我，但我很確定自己看到了。」[14]

我從其他人那裡也聽過類似的描述，他們獨自目擊了臨終病人身上升起了霧氣，但其他人卻什麼都沒看到。更讓人困惑的是，看到霧氣的人通常是無神論者，他們不相信靈魂或任何與靈魂相關的事物，甚至也不相信任何的超自然現象。然而，他們堅定地說自己看到了霧氣。

我不知道為什麼會發生這種情況，只知道它確實存在。而宗教人物的集體目擊事件中，也有類似的現象，例如：一九六八年在埃及開羅發生的聖母瑪利亞顯靈事件，根據哈佛教授奧圖．梅納杜斯（Otto Meinardus）的報告指稱，很多目擊者是堅定的無神論者，而非常虔誠的宗教人士卻對什麼都看不見感到沮喪。[15]

對我來說，像埃及事件以及其他類似的現象，更為各類幻象增添了神祕感。

靈媒法官

這裡有另一個更讓人不得不信的死亡霧氣案例，來自紐約最高法院首席法官約翰．愛德蒙（John Edmonds）。他原本是為了揭穿詐欺行為而對靈媒進行研究調查，沒想到後來自己也成了靈媒，並發展出令他自豪也樂意分享的靈異能力。

在他一八五一年十一月二十四日的日記中，愛德蒙描述了自己看到死亡的妹夫身上，冒出明顯霧氣的過程：

他已經呼出了最後一口氣，我看到他的肉體冒出了一團應該是所謂靈體的雲狀物，正好就在他的身體上方，就在這個房間裡，然後逐漸形成了人形，只是它似乎沒有智慧。突然間，它亮了起來，好像有了生命和智慧，我感覺到那是因為他的靈魂離開了肉體，進入了他的靈體。當那智慧顯現出來時，他看了看四周，好像有點不確定自己在哪裡，然後似乎立刻回憶起這對他來說並不陌生，並從之前的指示，明白了自己已經進入靈界。[16]

結合案例：霧氣與靈魂出竅體驗

這是我聽過最獨特也最震撼的共歷死亡經驗之一，這個經歷中包含了霧氣以及深刻的靈魂出竅體驗。一位醫生和一位護理師共同見證了一位剛在車禍中去世的女子的靈魂，飄浮在她丈夫上方的一片白雲中，而這名丈夫正準備進行拯救生命的創傷手術。故事是這樣的：

平面設計師傑夫．歐森與家人在猶他州發生了一場嚴重的事故，導致他的妻子和其中一個孩子喪生。

當意外發生時，歐森幾乎立刻經歷了靈魂出竅，身處在一個他稱之為「光泡」

的空間裡，飄浮在事故現場的上方。這個光泡散發著平靜、也無痛感，他的妻子塔瑪拉也在這個光泡裡面。歐森已經知道妻子在車禍中喪身，但在這個光泡中，她還能與他交談，她堅持要他活下來，照顧他們還活著的兒子史賓塞。史賓塞當時因疼痛和恐懼而在後座哭泣，歐森的意識隨即變得模糊，漸漸陷入黑暗之中。

當歐森再次醒來時，發現自己在醫院裡，但依然以靈魂出竅的狀態漫遊在醫院的走廊上。他說自己能看到每個遇到的人的一生經歷。不久之後，他來到手術室，看到了自己的雙腳被壓碎、右臂撕裂、腹部的傷勢更是慘不忍睹。「那是我嗎？」他想著。「我不能回到那副模樣！」然後他想起了塔瑪拉在光泡中的話，知道自己別無選擇，只能回去。[17] 他的意識再次陷入模糊，但這次是進入麻醉的深沉睡眠。

最先對他進行手術的外科醫生之一，是急診室的資深醫生傑夫・奧卓斯科（Jeff O'Driscoll）。即便緊急手術的準備工作正處於混亂狀態，但他一走進手術室就「感受到一種神聖的存在」，他在《路標》（*Guideposts*）雜誌的一次訪談中說道：「我注意到一束光，在那束光中有一位女性的身影飄浮在病床上方。她有著一頭波浪捲的金髮，穿著有各種白顏色的衣裳，身形幾乎透明，一臉平靜。此外，她看起來充滿活力，超凡脫俗——我本能地知道這就是那位患者的妻子。房間裡的神聖存在允許我看到她永恆的靈魂。」[18]

奧卓斯科說，他感覺到她對他以及手術室裡的其他醫生們充滿了感激。她還以心靈感應的方式告訴他，她的丈夫必須活下來照顧他們還在世的兒子。

在手術室的另一個角落，與奧卓斯科共事了好幾個月的急診室護理師瑞秋，突然走過來抓住了他的手臂。「你也看到她了嗎？」[19]她問奧卓斯科。他承認了自己也看到歐森的妻子，但是當他再次望向手術台時，塔瑪拉已經消失。

幾天後，奧卓斯科和瑞秋來到了歐森的病房，與他分享了各自的經歷。歐森描述了他的靈魂出竅經歷，而奧卓斯科和瑞秋則分享了他們與塔瑪拉，也就是那位發光妻子的共歷死亡經驗。

這次的共歷經驗為歐森帶來了極大的慰藉，因為事故發生後，他一直深感內疚。但現在，他不僅在光泡中聽到妻子認為自己不該為事故感到自責，也從他的外科醫生那裡聽到了相同的話語。

歷經了十八次的手術後，歐森出院了，並搬去與他的弟弟同住。有一天他接到了奧卓斯科的電話，對方想來看看他恢復得如何。歐森同意了，兩人聊起了手術室裡發生的那段經歷。從那時起，他們成為了好朋友。[20]

多年來，我跟歐森和奧卓斯科也變成了舊識。我覺得他們是非常誠實可靠的人，所以我完全不懷疑這些事情的真實性。這些事確實發生了，塔瑪拉讓她的丈夫、醫生和急診室的護理師覺察到她的存在，這無疑證明了她是一個強大的靈魂，想要讓她最後的願望被那些能夠實現的人們感知到，甚至耀眼到能夠引起他們的注意。

所以，我的問題不是：「這件事是否發生了？」而是：「它是如何發生的？」對此，我沒有答案，只知道這件事的確發生了。不過我還是與不同學科的科學家們討論過，也聽到一些可信的解釋。我記得其中一位心理學家是這麼說的：「在自然界的極端狀況下，物理定律可能會發生變化。所以，如果死亡可以被視為一種極端，那麼各種超自然的經歷也是可以預期的，特別是在接近死亡的狀態中。」[21]

樂聲

關於樂聲最普遍的觀察，就是它似乎不是來自特定的來源或方向，也幾乎都被描述為「天堂般的」。經歷者有時會形容這種音樂是管弦樂，但他們無法辨認使用的是什麼樂器；其他時候則描述這個音樂像是長而持續的音符，一位死亡親歷者形容這些樂音「如此美麗，我所知道的任何事物無都法模仿」。一位在母親去世時聽到樂聲的親歷者稱其為「充滿情感的聲音，讓我覺得它是一個活生生、會呼吸的生物」。[22]而我聽過的最棒描述來自我的導師，喬治．里奇博士，他聲稱自己在瀕死經驗中聽到的音樂感覺「更像是貝多芬，而不是披頭四」。[23]

瀕死親歷者一再告訴我，那些獨特的樂音深植於他們的心中，他們說光只是想起，就能讓他們進入一種「神祕的境地」，然而想要再現這些樂音的嘗試總是徒勞。據我所知，雖然很多人多年來一直執著於嘗試重現那段樂音，但即使是在音樂上極有造詣的人，也不曾成功重現。「然而，」另一位瀕死親歷者說：「我仍渴望有一天能再次聽到。」[24]

神祕的樂音

這是一個關於神祕樂音的簡短案例，來自於十九世紀英國心靈研究學會創始人艾德蒙．格尼、佛雷德里克．邁爾斯和法蘭克．帕摩爾所蒐集的突破性研究。

一位名叫L先生的人在一八八一年寫信給格尼，敘述他母親去世的情況。他說當他母親去世時，兩位女性（應該是已故者的朋友）離開房間時聽到了「低沉、柔和、極為甜美的樂聲，聽起來像是三位少女的聲音」[25]，她們認為這個聲音來自街上。另外兩個在房子裡的人，也在屋裡的不同區域聽到了同樣的樂聲，但L先生自己並沒有聽到。而那兩位女性在爬上樓梯返回死者的房間時，再次聽到了歌聲，而且清楚響亮。然而一直到事件結束後，這四個人才討論並發現他們都聽到了相同的音樂和旋律聲。其中一人形容這音樂「像是好幾個聲音完美和諧地唱著極其甜美的旋律，隨後漸行漸遠地淡出」。[26]令我覺得有趣的，是記錄這個案例的醫生表明自己並不相信超自然現象，只是如實地提供了發生的事實，而這顯然是一個超自然的經歷。

我清楚地記得當時的情況。可憐的L夫人在一八八一年的七月二十八日去世。我大約在午夜時分被叫來，一直待到大約凌晨兩點三十分時她去世。因為當時沒有合格的護理師在場，所以我留下來幫助朋友們為她「安排」遺體。我們一共四、五個人一起幫忙，並要求L先生家的女管家和一位僕人去廚房找一塊百葉窗或夠平的板子來放置遺體。在女管家和僕人離開後不久，而我們正等著他們回來時，我們都清楚聽到了幾小節的美妙音樂，像是來自風琴的聲音，而且在整個房子裡迴響，總共持續了幾秒鐘。我走到窗前向外看去，以為可能是外面的人在演奏，雖然外面很亮且視野清晰，但卻什麼也沒看到。

奇怪的是，那些去廚房的人在上樓時也聽到了相同的聲音，但他們其實在門的另一側，這就是事情的經過。另外，我認為有必要告訴你，我對超自然現象、靈性主義等一點都不相信。[27]

來自穆迪的檔案

這是來自我個人檔案中的一個案例，描述一位男子的父親因癌症平靜地離世，以及在他臨終時響起的一個樂音：

有件奇怪的事發生了，我至今仍無法理解。在父親生命最後的四個小時裡，我不斷聽到一個明顯的嗡嗡聲或震動聲，就像一個樂音。我以前從未聽過這種聲音，也從未再聽到過。

這個樂音是愉悅的，沒有任何變化，但感覺像音樂，絕對是音樂。這個聲音不是從父親身上發出來的，比較像是透過他傳過來。我覺得自己和父親彷彿被包圍在一起，在另一個地方進行對話，有點像介於這個世界與另一個世界之間。他顯然看到了我無法感知的東西，比方和已故的母親說話。

這個嗡嗡聲有點像是從電器設備發出的聲音，這個聲音幾乎充滿了整個空氣，帶來一種能量。我從未向別人提起這件事……因為這個聲音顯然來自他處。當父親去世時，我正握著他的手，在不到一分鐘之後，這個樂音就停了。那一刻我感覺到……似乎有一條連接我與靈魂世界的線被切斷了，不過我知道這條線只是暫時被切斷。那來自他處的樂音讓我確信死後生命的存在，我會再見到母親和父親。28

強大而充滿愛的音樂

為了補充說明，這裡還有兩個來自《生者的幻象》一書中的案例，描述了幾位與親人分享這種獨特而強大音樂的人：

我在一八七〇年失去了深愛的女兒，她當時二十一歲，因動脈瘤在中午過世。當晚只有我和另一個女兒在一起，突然……我們兩個都聽到了非常甜美的靈性音樂，雖然聽起來很遙遠，但我的耳朵如此專注，以至於感到微微疼痛。直到幾個小時後，我和女兒才小心翼翼地彼此詢問是否真的聽到了音樂，因為我們都害怕這只是一場幻覺。然而我們發現，我們都受到了恩賜與祝福。[29]

這接下來的第二個案例相當令人費解，它涉及了兩個人——其中一個聽到了彷彿來自天堂的樂音，而另一個人在同時看見了一個白色的身影飛過房間。以下是兩位見證人的證詞。首先是來自C女士：

我在一八七九的年十月，與約克大主教一起住在約克郡附近的畢夏索普（Bishopthorpe）。我當時和ZT小姐同睡，突然間，我看到一個白色的身影從房間的門口飛到窗戶那裡。那只是一個模糊的身影，一瞬間就過去了。我感到極度的恐懼，立刻喊道：「妳看到那個了嗎？」ZT小姐同時驚呼：「妳聽到了嗎？」然後我馬上說：「我看到一個天使飛過房間。」而她則說：「我聽到了一個天使在唱歌。」我們當時都非常地害怕，但沒有對任何人說。[30]

接下來是ZT小姐：

大約在一八七九年十月十七日的深夜，C女士（當時是KL女士）和我聊天了一段時間後正準備睡覺，這時我聽到非常微弱的音樂聲，而且感覺到似乎有種「存在感」。我伸出手碰了碰C女士，說：「妳聽到了嗎？」她說：「噢，別這樣！我剛剛看到有個東西穿過了房間！」我們當時都非常害怕，然後試著盡快睡著。但我記得我問了C女士到底看到了什麼，她說：「一個白色的影子，像是靈魂一樣。」[31]

這個案例被心靈研究學會成員認為是共歷經驗的有力證據，然而依他們一貫嚴謹的記載方式，僅稱這個案例「更加明顯」，因為：

這種感知對一個人是視覺性的，但對另一個人則是聽覺性的；但兩個人似乎同時都感受到相同的感知。若以目的性而言，這個案例……或許看起來更為強而有力。因為視覺和聽覺經驗都是無法共享的，因此顯示兩者顯然都不是由外部原因所導致；如果這些是幻覺，那麼（因為兩人在經歷這個經驗後才交談）很有可能是其中一個是透過心靈感應引起了另一個。[32]

結合案例：音樂和光的顯現

這讓我回想起一個患者曾經講述的結合案例，這位患者前來接受哀傷諮商。她的丈夫因胰腺癌正接受臨終關懷，而她在醫院病房裡陪伴了即將去世的丈夫整整兩天。到了第二天，她那注射了強效鎮靜劑的丈夫也逐漸接近死亡，這時她注意到一束光從他的胸口開始形成，然後逐漸向腹部移動。當時是白天，所以房間的燈都關著，因此能更清楚看出亮光的逐漸增強。她形容這光「非常明亮」。

隨著亮度的增加，伴隨而來的是一種合唱般的美妙歌聲，但她無法理解歌詞或唱出那段樂音（她在哀傷諮商中努力地想要模仿，但還是沒成功）。

這個光與音樂的結合，改變了這位女士的情緒。她從對丈夫即將去世的極度悲傷，轉變為一種深切的喜悅，同時感覺到這並不是丈夫生命的終結，而是一個「新階段」的開始，這個新階段會在他「離世」時展開，她也不再將其視為死亡。

大約一個小時後，心跳監測器上的線條成為一直平線，光和音樂也隨之逐漸消散。不久，一位護理師進來確認。「很抱歉。」護理師說：「您的丈夫已經去世了。」

奇怪的是，這位女士來找我並不是為了處理悲傷，而是想談談她在丈夫去世時沒有感到悲傷的內疚感。

「缺乏悲傷是經歷過共歷死亡經驗的人常見的情況。」我告訴她：「共歷死亡經驗顯示出死後生命的存在。透過光與音樂，你得以一瞥丈夫的未來，並意識到死亡只是一個階段，是進入另一種意識形態的通道。」

對她來說，這解釋了她的另一種感受，這也是哀悼患者中常見的感覺。「現在我對死亡已經沒有恐懼了。」她說。「只覺得自己被留了下來。」[33]

為何光、霧與音樂能顯示死後生命的存在？

在一個人臨終時感知到霧、光或樂音的現象十分普遍，根據研究者彼得・芬威克和蘇・布萊恩（Sue Brayne）的研究，受訪的護理師、醫生和臨終關懷工作者中，有超過百分之二十五的人提到曾見過臨終患者被光環繞著。[34]大多數的臨終關懷工作者認為這些事件具有深刻的精神意義，正如一位護理人員所說：「在精神與心靈上，似乎有一些轉變正在發生，不僅僅只是肉體上的變化。」[35]

讓我們回到本章前面提到的斯波坎市報的專欄作家所提出的問題：「有人真的知道人類的靈魂或精神何時離開肉體嗎？」答案是，有可能知道。雖然關於這個問題的具體時間點尚缺乏正式的醫學研究，但可以從旁觀者觀察到臨終者發出霧、音樂聲和光的現象推斷。霧的升起似乎發生在死亡發生的瞬間，不是幾分鐘之後，而是立刻，彷彿像是什麼東西切斷了連結，因此釋放出霧來。第二個也是最引人注目的共同點，是紀錄中通常提到的霧會在房間內移動，然後衝向床上方類似像一個入口的東西。但這個入口通向何處，仍然是一個謎。

另一個相似之處，則是霧是可見的，並由某種可感知的物質或離子組成。我無從得知這種離子是否具有智能，但在大多數的紀錄中，它會保持著一種形態移動。但它是否具有智能，或者只是本身有一種吸引力，我完全無從得知。

我不知道是否有研究人員正在探索光、霧或樂聲的奧祕，而這個議題之所以缺乏關注，並不是因為沒有人感興趣。彼得・芬威克博士非常善於蒐集這方面的故事，也在期刊上發表了許多案例，讓其他研究人員在事件發生之後可以進行觀察。然而對於產生這種現象的物質研究仍未啟動，因為沒有人知道這些事件何時或何地會發生。所以要捕捉到，比如說這些霧氣並分析其物質，可能需要醫務人員攜帶某種捕捉裝置，才能將霧氣吸入真空管。

任何醫院都不太可能允許或強制要求這樣的設備，更別提有多少護理師或醫生會使用它們。或許有愈來愈多相關醫療人員報告共歷死亡經驗的發生，但他們不一定會將注意力集中在這些現象上。此外，類似的研究已經在靈魂出竅的部分進行過，但結果發現醫生和醫院管理者都認為這類研究對患者沒有太大的價值，所以也不太願意與研究人員合作。醫院是一個非常繁忙的機構，除非研究涉及如何避免死亡，否則他們看不出研究死亡經驗的價值。也許事情正該如此。

因此，除非設計出其他的研究方法，否則光、霧和樂音的奧祕將依然是個謎。

雖然目前缺乏進一步研究的方法，但就數量來看，我所聽到和閱讀到的案例已足夠讓我相信，光、霧和音樂聲在證明靈魂在肉體死亡後依然存在的論點，具有關鍵的價值。

見證七
靈視

天才就是找到事物之間的隱形聯繫。

——弗拉基米爾・納博科夫（Vladimir Nabokov）

與死後生命相關的經歷在各個年代都曾受到重視。例如瀕死經驗在古希臘世界中就是一個非常熟悉的話題。隨著時間的推移，這種熟悉感時而增強，時而減弱。而隨著現代醫療技術的出現，有更多人比以前能夠倖免於難，在瀕死之際存活下來。因此，從一九七〇年代中期到如今，瀕死經驗幾乎成為一種常見的現象。

有一種與死後生命相關的技能，在過去幾千年裡為廣大世界所熟知，直到大約一百年前才幾乎完全消失，這種技能使用鏡子來幫助意識進入一場生動的幽靈會見之旅，或者可以說是一場與已故親友的重逢。人們凝視著能夠反射的表面，像是靜止的水面、水晶體或鏡子（現在因為其方便性，通常使用鏡子），在一個昏暗的房間裡，期待逝世的親人或朋友能出現在影像中。

我曾針對這項技術進行了研究，並將我的發現提交到《瀕死研究期刊》（*Journal of Near-Death Studies*）上刊登。[1]為了支持我的研究結果，我引用了由亞瑟．黑斯廷（Arthur Hastings）所進行的主要研究。黑斯廷是加州威廉．詹姆斯意識研究中心（William James Center for Consciousness Studies）的教授兼主任。在黑斯廷的研究中，一百位參與者經歷了為期三到四個小時的靈視過程，每個人都單獨進行。所有參與者都曾失去親人，並希望減輕所帶來的悲痛。[2]而在參加的一百人當中，有六十三人回報與逝者進行了接觸[3]，三十四人表示與逝者進行了心靈對話。[4]根據測試顯示，其中九十二名參與者的悲痛感有所減輕。[5]

令我最感驚訝的，是在我的研究中，即使是首次嘗試這項技術的心理學研究生、大學教授以及心理學同事，絕大多數都堅信他們的經歷不是一種夢幻狀態，而是真實發生的事。

一位教授在與已故祖母進行了一段簡短但深刻的對話後，總結了這些早期測試。

他說：「我看到了我的祖母，但那是夢境，還是幻覺，抑或是真實？我不知道。」6

進入古希臘

我的研究引領著我穿越了不同的世紀與文化，也因此從中發現無論是古代還是現代，世界各地的人們無論是在刻意或意外之下，都發現了藉由凝視一個清晰的深處，就可以打開一扇通往幻影世界的大門。

古希臘人是這方面的佼佼者，他們在名為「靈視室」的房間中進行鏡像凝視。這些專門設計的幻視室位於地下迷宮之中，被稱為「亡靈神諭室」，並遍布於希臘各地，至今仍留有遺跡。從神諭室的建築結構顯示，患者會先在一個巨大的房間裡睡覺、進食，然後度過幾天的時間，他們在昏暗的環境中摒除外界的干擾，並擁有足夠的時間思考他們想要追憶的已故親人。當一切都準備好後，一位祭司會引導他們前往另一個大房間，這個房間的中心點，會有一個裝滿水的拋光金屬碗。反光的水面和陰暗的周遭會激發出一種幻象體驗，通常能讓人們與他們所尋求的對象進行互動。

古希臘的靈視室規模龐大，根據古希臘考古學研究者索提里斯・達卡里斯（Sotiris Dakaris）表示，這些靈視室是由洞穴群組成，裡面有宿舍和客廳，客戶會在幾乎完全黑暗的環境中待上數個星期，為這趟前往另類世界的旅程做準備。達卡里斯在這些靈視室中發現了巨大的青銅鍋，這些鍋會被拋光至鏡面狀，以用於幻象的體驗過程。長時間待在黑暗中會使人變得敏感，這也是為了讓人們再次暴露於較亮光線及面對鏡子時，有利於幻象的出現。[7]

這種技術極其成功，證據就來自於那些像墓碑一樣插在地上的石板，上面刻有感謝神明的文字，感謝他們賦予了這種不可思議的經驗。

最著名的幻象凝視例子，來自於荷馬的《奧德賽》。荷馬描述了前往亡靈神諭所的旅程，許多人民在那裡凝視著動物血液形成的反光池，「已逝者的靈魂」從中出現出，包括「年輕人和新娘、歷經苦難的老人、剛剛體會到悲傷的溫柔少女，以及在戰爭中被殺死的戰士，穿著沾滿血跡的盔甲」。[8]

奧德修斯看見的景象讓他「嚇到臉色蒼白」，那是他的母親。母親告訴他，自己因對漂泊中的兒子思念成疾而死。[9]奧德修斯說：「當我聽到這些時，我忍不住想擁抱她，但我試了三次，每一次她的幽靈都像影子或夢境般，從我手中溜走。」[10]

中界的冒險

在研究了古希臘的神諭之後，我對鏡像凝視的可能性深深著迷，並開始思考是否能將其轉化成一門可用的科學，成為一種可以被複製並在實驗室裡研究的現象。我開始把藉由反射表面與亡者相遇的這種做法，稱為「中界（Middle Realm）」。同樣的定義在不同文化中有各式各樣的名稱，但本質上，這是一個介於此世與死後世界之間的境外空間，生者和死者可以在這裡相遇。

我發現這個概念非常令人興奮，原因有很多。首先，鏡像凝視可能是一種非常有效的悲傷療法，特別是對於那些無法克服因親人去世而產生抑鬱和悲傷的患者。鏡像凝視是否能像古希臘時期一樣，緩解現代人的悲傷？再一次見到已故的親人，對於患者來說，可能是一個幫助他們走出悲傷、重新開始生活的重要轉折點。我開始記下自己透過鏡像凝視這個非正統研究，想尋求解答的其他問題：

- **這能解釋為什麼這麼多人都曾見到鬼魂嗎？**

卓越的醫學研究顯示，多達四分之一的美國人曾有過與逝者至少相遇過一次的經歷。[11]

我所指的與亡者的相遇，不僅僅是看到，還包括感覺到、聽到或聞到。這樣的接觸顯示出我們對親人的記憶深深嵌入了無意識的心靈中，如果我們能隨時體驗這種經歷，那將會是心理學研究的一大進展。

- **鏡像凝視是否可能讓我們在實驗室的環境下「看到」鬼魂？**

由於與鬼魂的接觸似乎是自發性的，目前沒有任何系統化的方法來研究這種現象。因此，鬼魂經歷的研究只是一種自發現象的研究，我們無法控制這些現象何時會發生。

但如果鏡像凝視是一種誘發鬼魂體驗的方法，那麼這些體驗就可能在實驗室的環境中被創造，並由科學家進行研究。透過讓受試者進行腦波檢查的測試，我們可以觀察人們在看到鬼魂時會出現哪一種腦波。

這樣的想法令我欣喜若狂，這樣一來不僅能夠觀察到這些現象發生時的大腦生理機制，還能探索大腦與可能存在的死後世界之間的任何直接聯繫。

- **鏡像凝視是否可能讓無意識的心靈變得清晰可見？**

自心理學研究以來，許多像榮格與佛洛伊德這樣的研究者一直堅稱，人類心靈所衍生的大部分事情（如果不是全部）都在無意識中發生。這基本上意味著我們的自我認知以及對周圍世界的反應和回應，很大程度上都是不可見的，並且超出了我們的控制範圍。

鏡像凝視有可能讓我們有意識地探索無意識，並使其變得清晰可見嗎？

- **鏡像凝視是否能讓我們瞭解創作的過程？**

許多作家、藝術家、科學家，甚至商業領袖都將自己的創造力歸功於無意識的心靈。鏡像凝視系統的運用，是否能克服創作障礙？

我研究了許多藝術家和科學家的創作過程，發現他們將許多偉大作品歸功於大腦中未被探索的區域。超現實主義畫家達利（Salvador Dalí）設計了一些方法，將自己從睡夢中喚醒，好讓他可以將夢境中的超現實元素揮灑在畫布上。[12]他的融化的時鐘以及許多其他奇特的圖像，就是在這樣的情況下誕生的。愛迪生也採用了類似的方法，利用介於睡眠與清醒之間的迷離狀態來捕捉出現的想法。[13]巴黎大腦研究所的戴爾芬妮·奧迪特（Delphine Oudiette）所做的研究證明，這些技術在解決創意問題上的確有效。

- **鏡像凝視是否能挖掘出每個人隱藏的創造力？**

鏡像凝視的研究是否能解釋人類對超自然力量的信仰傾向，或者它是否真的能夠接觸到超自然領域？

研究鏡像凝視能夠揭開超自然領域是否真實存在的問題，而鏡像凝視是否打開了通往另一個境地的大門？這扇門是否是我們可以學習隨意打開的？

在寫下這些問題後，我為即將進行的工作撰寫了一個聲明和目標：

身為人類，我們被死亡的恐懼和焦慮所困。

作為一個社會，我們將死亡放在特定的位置，創建了墓地，將死亡排除在我們的視野之外。我們有恐怖電影提醒我們死亡的恐懼，但除此之外，我們不常談論死亡，除非不得已的時候。

從許多方面來看，這些限制意在告訴我們，有一個活人的世界和一個死人的世界，兩者之間永遠不能相互穿梭。

然而根據我的經驗，生者與死者之間有一個中間地帶。

毫無疑問地，某些活著的意識體驗似乎表明了我們能在死亡後繼續存在。瀕死經驗就是其中一個現象，其他還包括看到逝者的幻影、靈魂出竅、通靈智慧以及薩滿之旅。這些經驗被視為生命與死亡之間的過渡。因為它們既關乎生命又超越生死，這些經歷或許可以稱為「中間境界的冒險」，即生者過渡到一個被稱為死後生命的意識境域。

為了探討這些問題，我以探索鏡像幻影為目標，看看它們是否也屬於進入「中間境界」的方式之一。

靈視室與其訪客

我決定打造自己的靈視室，不需要古代那種大型的靈視室，只需要一個昏暗、燈光微弱的房間，一張舒適的椅子，和一面經過極度抛光的鏡子，抛光到我坐在鏡子前時無法看到自己，唯一能看到的只是鏡子中反射的清晰深處，映照著身後微弱的燈光（通常是一個二十瓦的小燈泡來提供最低的照明）。你可以在附錄中進一步了解我如何建立一間靈視室。

鏡像凝視的真正成功關鍵，在於參與者的正確心態，他們必須和我擁有相同的目標，那就是：正常、健康的人是否能持續引發已故親人的顯現？

我為測試者設立了以下的簡單標準：

- 必須是對人類意識感興趣的成熟人士
- 必須情緒穩定、好奇心強、善於表達
- 不能有情緒或精神上的疾病
- 不能有神祕主義的意識形態，因為這樣的傾向會讓分析結果變得更加複雜

在這些標準的考量下，我聯繫了十位測試對象，詢問他們是否願意參與我的「重逢實驗」。

我為他們準備進入靈視室的方式很簡單，而且至今依然如此。在約定的那天（每天只接待一位參與者），他們帶來希望見到已故親人的紀念品和相簿。他們穿著舒適的衣著，吃過附有含咖啡因飲品的簡單早餐（為了更容易放鬆）。

我們從在鄉村輕鬆的散步開始，聊聊他們為何希望與已故親人見面的動機。他們被告知無法保證一定能見到親人，但我們會盡量嘗試，這麼做是為了減輕成功的壓力，讓靈視自然而然地發生（或者不發生）。

散步之後，我們會吃一頓簡單的午餐，包括湯和水果，然後詳細討論已故親人

和參與者之間的關係。

通常，參與者會提及一些感人的回憶。這些回憶常常會因為他們帶來的紀念品而變得更加生動，這些紀念品被放在我們兩人之間。一位男子帶來了他父親的釣魚工具，一位女士帶來了她姊姊的帽子，還有一位帶了他父親的戰爭英勇勳章。這些物品都是對已故親人強烈而具體的回憶與悼念。

有時，我會讓參與者躺在床上。床上裝有音響，從音響傳出的音樂能透過骨傳導讓全身都感受到。

這些準備階段會持續到黃昏。然後，我會在神祕的日落時分，陪同參與者進入靈視室，打開一盞只有蠟燭亮度的燈。接著我會請參與者專注凝視著鏡子並放鬆，清除所有雜念，專注於對逝者的思念。參與者可以在房間裡想待多久就待多久，但我們會要求他們不要戴手錶，以免他們因為看時間而分心。

在整個過程中會有一名助手坐在隔壁房間，以便在需要時提供協助。

參與者通常約一小時後走出來，我們會鼓勵（但並不強求）他們自由討論發生的事，而且不限時間，有些討論會持續一個小時以上。我會刻意不催促，完全由參與者決定何時結束討論。由於並非每個人都願意討論或完全說出他們的經歷，因此在稍後的結果分享時，我有時候會使用大概的數據。

在開始這項研究之前，我做出了幾點假設。我以為只有一兩個參與者會見到已故的親人；我還懷疑，那些經歷過靈魂顯現的參與者，會懷疑自己看到的真實性。

但實際情況與我的預期大不相同。參加這個過程的十位參與者中，有五位見證了強大的已故親人顯現。這五人全都相信他們真的見到了已故親人，並與他們進行了溝通。

在這段靈視研究期間，參與者的反應一直讓我著迷。尤其是一半的參與者在一開始時就經歷了如此強烈的體驗，他們堅信在靈視鏡中發生的事情是真實的，也就是他們真的與已故親人進行了接觸。

這段經歷明顯增強了他們對於肉體之外仍有生命存在的信念與信心，這些高功能個體的反應為死後生命的存在提供了另一個理由。

以下是幾個能夠表達我想說明的幾個早期案例。

第一位靈視鏡參與者

第一位正式測試靈視的患者是一位我稱作麗塔的女性，她當時是我的研究生，年約四十歲，是一名回校繼續進修的諮商師。

麗塔的丈夫在兩年前去世了，她希望見到已逝的丈夫。她對靈視的概念非常熱衷，我們進行了準備之後，她就進入了靈視室，前後花了大約四十五分鐘。

當她出來時，臉上帶著大大的微笑，並且得到了意外的結果。她沒有見到已故的丈夫，而是她的父親顯現了。他在鏡中看起來是如此地栩栩如生，還隨著他們的對話走出了鏡子，進入房間，同時兩人持續地對話。

麗塔接受了在靈視鏡中顯現的是父親而不是丈夫的意外，對此她自有一番解釋，她說：「我知道我來，是想要見到我的丈夫，但是我更需要見到的人可能是我的父親。」

麗塔在靈視室中，和父親進行了長時間的互動，然後在第二天打電話給我，告訴我父親似乎在她晚上準備入睡前，出現在她的床腳處。[14]

我自然對發生在麗塔身上的事感到訝異，看見了她的父親而不是丈夫是一個意外驚喜，但是她父親離開了靈視鏡之後的當天晚上，又出現在麗塔的床腳旁，則是另一個大驚喜。

閱讀了古代關於靈視鏡的記載之後，我知道這種情況有可能發生，但一切發生得如此之快、如此鮮明，則是我始料未及。

與父母的相見

一位東岸的外科醫生來見他已故的母親，他認為自己的一切成就都必須歸功於母親。他的母親出現在靈視鏡中，坐在一張沙發上。他們進行了無須言語的心靈交流。

「您死的時候有遭受任何疼痛嗎？」他問。

「一點也沒有。」她說：「很輕易就轉化了。」

他繼續說問：「您覺得我要結婚的對象怎麼樣？」

「她是一個非常好的對象。」他的母親再次以心靈交流的方式回答：「你應該努力維持這段關係，不要再變成之前的那個你，試著多包容一點。」

大約十個類似的問答過後，外科醫生的母親就消失了。對外科醫生來說，這是一個非常激動的時刻，他覺得自己跨入了在此之前只聽說過，但從來不曾真正相信的境界。[15]

就像一部老電影

一名三十多歲的男性因為失去了妻子而傷心欲絕。她有嚴重的酒癮，也因為過度飲酒而致死。他對妻子的死感到內疚，覺得自己應該想辦法處理她的酗酒問題。

他告訴我他的故事，主要是他和妻子在一起的幾年時光，以及他為了妻子的酗酒問題一直深陷的苦惱。分享完這些事之後，他早已淚流滿面，悲痛萬分。

然而在經過靈視鏡的體驗之後，他的情緒完全地改變。靈視鏡子中，他已故的妻子出現在一條他們過去經常一起散步的林中小徑上。他的妻子坦然地向他談起自己酗酒的事。

「這不是你的錯。」她無聲地傳達了這個訊息。「一段時間之後，我已經不在乎自己喝得太多，因為我根本沒有辦法停下來。」[16]

大約十年後，這名男性來看我。他已經再婚，也過得很幸福。他感謝我讓他透過靈視鏡與已故妻子的見面，不但消除了他的愧疚，也改變了他的人生。

幽靈代理人

真正令我詫異的靈視鏡體驗，是我稱為幽靈代理人的現象。本來是其中一位參與者準備看到的影像，但卻由另一位目睹了。這種現象至少在我的靈視鏡研究中出現了六次，每一次都讓我感到費解。

第一起事件，是一位從奧克拉荷馬州開車前來的女士，想要見到不到一年前去世的兒子。

當我們進行準備時，她困惑地提到自己很長一段時間以來，都一直避免告訴母親她要去哪裡，為什麼要去那裡。因為她的母親非常虔誠，對她來說靈視鏡聽起來更像是一場魔術表演，而不是悲傷治療。當她最後告訴母親為什麼要開車到阿拉巴馬州來見我時，她的母親明確表示他們的宗教信仰不相信能看到死去親人這樣的事情，即使這個過程是由精神科醫生所引領。

這位女士做足了進行靈視鏡的準備，但是，如同有時候會發生的，她在鏡中什麼也沒看見。她帶著極大的失望收拾好東西，想要隔天開車返回奧克拉荷馬州。

我以為那是我和她的最後一次見面，但三天後我接到了她的來電。她一邊笑一邊告訴我，當天稍早的時候，她的母親靜靜地坐在客廳裡，然後說她的孫子走進客廳，就坐在她的對面。她的母親一點也不覺得驚慌——事實上，她開心不已，因為她女兒準備看到的景像，竟然被她所經歷。17

各式各樣的體驗

有了上述這樣的結果，讓我發現這是一種非常驚喜的悲傷療法。現在只要在靈視室中，就有機會能夠與親愛的人對話，不必和諮商師談論失去的親人。但我對有那麼多人想要來到我現在稱之為「心靈劇場」的地方，感到有點不知所措。感謝大家的口耳相傳，以及廣播節目、研討會的提及，甚至最後集結成一本書。許多人從全國各地前來，然後又有很多人從世界各地而來。很快地，想要看看已逝親人的大家，已經把我所有的時間都預訂滿了。

我顯然低估了靈視鏡的吸引力。我不禁開始想像我的鄉村心靈劇場會像古希臘的神諭場那樣，每年有好幾百個很想見到已逝親人的人步行前來。他們經常在外頭等待了好幾天，在荒野中紮營或租一個地方，直到被允許進入。

我擔心我的現代神諭室也會變成這樣。

患者的數量很快就變得難以負荷。由於靈視鏡仍處於實驗階段，我希望能掌控重逢體驗的每一個細節。這表示我每天只能將全部的精力放在一名患者身上，這是一個令人筋疲力竭的過程，尤其考慮到大多數患者都處於經歷喪親之痛的脆弱情緒狀態。加上有時候這些療程會持續到深夜，但隔天又安排接待另一位同樣情緒需求強烈的患者。不久，我就陷入了一個無止境的工作循環，這也加劇了我的甲狀腺問題，儘管小心服藥，狀況似乎始終無法完全消失。

唯一支持我繼續向前的，是這些個案研究。它們令人著迷地證實了這項經過現代化改造的古希臘技術，確實獨具效果與價值。

我在最初的幾個月裡，透過靈視鏡引導了超過一百名患者，這個數字在幾年中都一直保持穩定，直到因過於勞累的疲憊，使我不得不大幅減少患者的數量。時至今日，我每年還是會偶爾進行靈視鏡的療程，一年大約十二次。雖然工作量減少，不過我還是能夠總結出患者透過這項神奇技術所經歷的各種體驗。

突然冒出來的人

在這麼多療程當中，特別突顯的一種就是參與者在靈視鏡中所見到的，並不是他們預期想見的人。據我估計，大約有四分之一的參與者在過程中遇見了意外的對象，而且不僅限於在鏡子裡，他們會走出來與參與者相伴，好像鏡子成為了一個通道，讓已故者能夠穿越過來。當這種情況發生時，參與者經常說到他們被靈魂「觸摸」，或者他們能感覺到靈魂的存在。

其中一個例子來自一個男性，他的父親在他十二歲時就去世了，他為了與已逝的父親見面，進行了一整天的準備。然而經過了好幾個小時的準備後，這個男人驚訝地發現在鏡子中迎接他的不是父親，而是他的生意夥伴——這個人他甚至並不特別喜歡。他回憶說：

> 我清楚地看見了他出現，離我大約六十公分遠。我太驚訝了，一時之間不知道該怎麼反應。那的確就是他，他的身形和我差不多，我能看見他腰部以上的部分，

他的形體完整，但不是透明的。他移動時，我可以看見他的頭和手在動，一切都是立體的。

他很高興見到我，我感到很驚訝，但他似乎並不意外。我覺得他好像知道正在發生什麼事。他想讓我放心，告訴我他很好，不必擔心。我知道他想說的是我們將來會再次相聚。他的妻子現在也過世了，他讓我感受到她和他在一起，但出於某種原因，我沒辦法見到她。

我問了他幾個問題。我想知道一些關於他女兒的事，這件事已經困擾我很久了。我一直和他的三個孩子保持聯繫，也盡力幫助他們，不過他的二女兒好像對我有些誤解。我曾試圖跟她聯繫，但她在某種程度上責怪我，認為我是她父親離世的原因之一。隨著年齡漸長，她認為她的父親在工作上被過度壓榨。所以我問他該怎麼做，他的回覆讓我完全放心了，也解開了我心中積壓已久的心情。[18]

這位男性確實感覺到自己的商業夥伴從鏡子裡走出來，並與他坐在一起。這次的經歷讓他與夥伴和解，並「終結」了他對夥伴家人的擔憂。

在我一九九二年進行的研究中，有約百分之五十的參與者說自己與鏡中出現的人進行了交流。[19]而成功看到鏡中人的十六名參與者中，有六個人表示他們與已故者交談。[20] 我的意思不是他們聽到了已故者的想法，而是實際上聽到了他們的聲音。

我的初體驗

現在，我想向大家說明我個人是在哪裡以及如何探索這項技術，容我先提供一些背景資訊。我多年來嘗試了幾種不同的靈視方法，也在不同的地方進行了實驗，其中也包括了希臘，並有幸參觀了當地幾處主要的神諭遺址。有一次甚至還在已故的著名異象研究者威廉・羅爾（William Roll）博士的指導下，使用了水晶球來進行。

羅爾博士的辦公室裡有一個水晶球，有一天他向我展示他如何利用水晶球來激發創造力。此外，我也曾邀請朋友和學生到家中進行靈視聚會。我們用小蠟燭作為背景照明，有時還會用好幾個水晶球，這樣每個人都有自己專屬的靈視工具，就像是通往他們潛意識的私密鑰匙。那時，我已經搬到一座位於鄉間的老磨坊屋子，一旁的小溪整日發出能讓參與者感到放鬆的自然白噪音。

無論參與者想要尋找什麼，這些靈視經驗對他們都有幫助。對某些人來說，這是一個放鬆或釋放壓力的機會；對其他人來說，意義可能更深遠，他們找到了理解童年受到了磨難或人際關係困頓的那把鑰匙。

其他人則去了意想不到的地方——在充足的準備和顧及隱私之下，和已故的親人聯繫。這些親人會出現在水晶反射鏡中，這通常會讓人感到驚訝，也會希望逝者能多停留一些時間。

不過，我自己直到在鄉間老屋設立了一個完美的靈視室之後，才有了第一次的靈視經歷，那次的經歷完全震撼了我。那次，我想見的人是我的祖母沃特頓，是我母親的母親。那天只有我一個人，所以我悠閒地做準備，我拿出小時候的家庭相本，裡面有我小時候和祖母一起拍的相片，也有其他的家人。我的父親在我很小時就加入軍隊，這成了我母親患有精神抑鬱的其中一個原因，我是由祖父母撫養長大的，基本上我把他們當作我的父母。我非常想念祖母，也希望能再見她一面。經過幾個小時的準備後，我舒服地坐在靈視室裡，等待沃特頓祖母的出現。

她確實出現在我的面前，但只有一瞬間。她看起來很開心，也比我記憶中的她年輕很多。我試著和她交談，卻沒能發生。然後，她就消失了。

我繼續凝視著鏡子，希望她能再次出現，但什麼也沒有。最後，我終於離開了靈視室，走到臨著小溪旁的餐桌。我曾透過好幾位學生測試靈視鏡的效果，結果都很成功。他們當時不僅看到了親人的影像，還能夠成功地與他們互動，其中的一些還持續了很長一段時間，以至於其中一位學生認為那是「真實的」。但為什麼我得不到相同的經驗？我感到很困惑。

然而，那天稍晚之後，當我坐在沙發上閱讀時，我的祖母出現了。但不是沃特頓祖母，而是穆迪祖母，我最不喜歡的那一個。她也曾撫養過我，只是她過於嚴厲的態度使我們變得疏遠。事實上，我一直都很怕她。但我現在不再害怕，我很高興能看到她。雖然她出現的時候，我們沒有任何言語的交流，然而我感覺到多年來的敵意消失了，取而代之的是理解。我理解到自己的童年生活被寵壞了，也對照顧我的年邁祖父母要求過多的尊重。若以此而言，我的靈視鏡初體驗是成功的。[21]

外送幻像

我開始使用「外送幻象」這個名詞，是因為這些幻象是在參與者離開靈視室之後才出現。在那些前來尋求與逝者團聚的人之中，有百分之二十五是在返回家中或旅館後，才和逝者重逢。[22]其中一個這樣的案例來自一位受人尊敬的電視台記者，她來此想見幾年前自殺的兒子，但她在靈視室裡什麼也沒看到。然而過了幾個小時之後，她的兒子竟然在旅館裡出現了。以下是她的敘述：

我不知道自己究竟是幾點醒來的，但我醒來時，感覺到房間裡好像有什麼，是一個年輕人站在那裡，在電視機和梳妝檯中間。

他一開始面無表情，只是看著我。我非常害怕，心跳急遽加速。我很慶幸自己躺在一張加大的大床上，否則我可能會跌到床底下。我實在是太害怕了！

我腦中閃過的念頭是：「天哪，房間一定還有另一個門！因為他看起來跟真人一樣子，就站著那裡。」

這不是夢，我整個人是完全清醒的。我很清楚地看到了他和他的整個身體，除了他的臉。那時我看著他，他也看著我。我不知道過了多久，但也夠久了，因為我開始感到恐懼，而我不是一個容易被嚇到的人。

接著，我才意識到自己看見了幻影，那是我的兒子。剛開始看起來不像，但從完整的形體來看的話，我知道那是他。事實上，那個形體看起來和兒子完全一樣，像他大概十年前的樣子。

之後，一切都變得非常平靜。我的兒子向我確定他很好，他愛我。對我來說，這是一個轉捩點，更是一次美好的經驗。[23]

看似真實的幻象邂逅

多年來，我已經引領了數百人經歷靈視鏡的過程，而其中有很大一部分的參與者都確信他們所看見的是真實的。

其中一位參與者說：「我毫無疑問地相信在鏡子裡看到的人是我媽媽！……不過，她看起來比臨終時更健康、更快樂。雖然她沒有開口，但她的確對我說了話，我清楚地聽到她說『我很好』」。[24]

以下是另一位參與者敘述他的真實情況：

我從鏡子看到許多雲朵、燈光和動作，雲裡有會改變顏色的光。有那麼一瞬間，我以為會看到我的丈夫，但並沒有。可是我突然感覺到他就在這裡，我看不到他，但我知道他就站在我身邊。然後我聽到他說話，他對我說：「就這樣繼續下去吧，妳以正確的方式生活著，也以正確的方式養育了孩子。」接著，我開始看得到了……我一點也不害怕。相反地，自從他去世以來，我從未感到如此地放鬆。[25]

對我來說，最有趣的是人們在歷經幻象之後的改變。所有的這些參與者都定義了他們的團聚是「真的」，也就是說不是他們的幻想或夢境。[26]有些人回憶到他們能夠聞到、聽到、甚至觸摸到他們所愛的人，而且他們看到的是立體的實體。我常聽到參與者說：「就像我坐在這裡看著你一樣，我和他們一起坐在那裡。」

正因為他們的經驗是真實的，所以參與者對人生有了不同的看法。在看到了一個他們認為已經因為死亡而消失的人，讓他們變得加善良、更有同理心，也不再那麼害怕死亡了。

國家利益

甚至連媒體也對靈視感到興趣。歐普拉曾派了兩位她的觀眾到靈視室進行體驗，想要客觀地了解其中發生的情況。歐普拉似乎覺得自己在節目上描述這些故事有些不妥，擔心可能會引起宗教人士的反感。之後，來體驗靈視的兩位觀眾在節目上告訴所有人，他們的親人確實出現了，其中一位甚至感覺到當她與已故親人交談時，他就跪在她的身邊，而這位觀眾在敘述時，似乎非常開心與平靜。

我對歐普拉說：「當人們從靈視室出來時，他們似乎被某種平靜環繞著。」

歐普拉說不出話來，顯然發生的一切讓她感到驚慌。

「我對這件事有很多、很多、很多的疑問。」她說。

我聳聳肩，對哄堂大笑的觀眾說：「我也是。」[27]

喜劇演員瓊．瑞佛斯的情況則不同，她想為她下午的脫口秀節目錄製一個片段。她一來就說了一連串的笑話，這對我來說沒什麼，畢竟幽默是她的專長，所以她那一整天都在取笑靈視這件事，直到進入了靈視室。

當她從靈視室出來之後，她的行為舉止完全改變了。她無法停止哭泣，她和已故的丈夫艾德格進行了對話。她相信她和艾德格的談話非常真實，也對靈視的過程與真實性毫無疑問。她從和已故丈夫的對話中，得到了關於他自殺身亡的新訊息，這是她從不知道的，也填補了他令人費解的死亡事件。她不願說出自己究竟知道了什麼，但她的臨別感言是：「穆迪醫生，謝謝。我真的需要這些。」[28]

客觀的證據？

悲傷輔導是我工作中的主要核心部分，而來自悲痛欲絕的客戶中所提出的要求裡，最不可能做到的是——與已故的親人再待五分鐘。而我試圖透過遵循一種古老悲傷療法的指示來實現這個願望，我覺得大多數時候我已經成功地實現了這個願望。

我從未宣稱這些事件是「真實的」，也從來沒說死去的人回來了，而是引用了有過這些經驗的人的話，這些人說他們接觸到的的確就是自己的親人，他們的幽魂來此為悲傷的生者提供慰藉。

我必須坦承自己不知道鏡子裡發生了什麼事，或者從鏡子裡出現的是什麼。難道是大腦製造的虛幻？一個生動的夢？或者是藉由歷史上曾成功使用過的簡單過程，所挖掘出來的不同現實？我並不知道。

但我確實知道，大多數經歷過靈視的人，對所發生的事抱持著很大的信念，這可以從我的研究統計數據來看：

- **百分之二十五的人會在鏡中看見非預期中想看到的人。**[29]這樣的狀況為什麼會發生，我並不清楚，但不只一位遇到這種狀況的參與者告訴我，雖然他們見到的不是自己原本想見的人，但對於這樣的插曲也非常滿意。
- **百分之十的人說那個影像就像是從鏡子中走出來，有時還會觸碰他們**[30]——

把手放在他們手上，或甚至親吻。其中一個比較極端的例子，是一位前來看已故兒子的女士，她說兒子在離開之前抱起她，還擁抱了她。

- **大約一半的人認為自己與逝者交談，但通常是心靈上的對話（沒有實際上的語言交流）。**[31]這樣的心靈交流起初似乎很奇怪，但隨著對話的進展，參與者很快就覺得很正常。
- **百分之二十五的人說，雖然在靈視室中沒能見到逝者，但是逝者通常在二十四小時之內在其他地方顯現。**[32]這些延遲的交流通常發生在冥想的狀態下，獨自一人——長時間散步、看電視、準備入睡、在家閱讀一本好書等等可能的情況。有時候這樣的顯現會反覆出現，但一般來說不會超過三次。
- **幾乎所有參與者都說當下的感覺不是夢也不是幻覺，一切都非常真實。**[33]一位男士在形容他的經歷時說：「就好像我在街上遇到我爸那樣真實。」
- **幾乎所有參與者都認為自己從靈視中受到了正面的影響，也改變了自己對人生及死後生命的想法。**在大多數的情況下，我發現這些變化與瀕死經驗的變化類似，他們對死亡的恐懼減少了，整體上對自己的人生更為正面積極。[34]

即使我眼見了他們對自己所說、所見和所感的深刻感受，不過我卻沒辦法證明這個經驗是真實的，至少在客觀上無法認證。我知道這樣的經驗是主觀的，因為只有經歷過的人才知道。

但後來情況發生了改變——而且是非常強烈的變化，因為有了三張照片和兩名目擊者，我突然有了物證能夠證明與逝者團聚是真實的——不是幻想，不是夢。這個案例改變了我所認知的一切。

黑天鵝案例

二〇一一年，一位婦人從南美洲搭乘私人飛機前來，為的是與她的女兒（一位在北卡羅萊納州因癌症去世的年輕女孩）交流。陪伴這名婦人的，是她的妹妹和她的富商丈夫。

她和她的妹妹沒有按照我規定的程序先留在酒店休息，下了飛機後就直接來了。她因長途飛行而感到疲憊，所以不想經歷漫長的準備程序，她要求進行「短期準備」，由我跟她談論女兒以及她的深切悲痛，時間大約一個小時左右。她讓我看了幾張女兒的照片，並說了一些她所珍惜的故事，妹妹也加入回憶了幾件事。儘管我們分享了許多訊息，這位母親似乎非常疲倦和焦慮，因此我也沒想到她會有一個非常成功的靈視經歷。

她進入了靈視室，大約一個半小時後，失望地走了出來。她沒有經歷任何事，也認為沒有理由繼續進行。

他們一行人下午就回到了飯店，約定睡一覺之後隔天再回來。當他們回到飯店房間後，就在床上開始聊起他們想來看見的那個年輕女孩。

大概在下午的三點三十分左右（根據其中一張照片上的時間），房間的不同地方出現了三個形狀大小跟大沙灘球差不多的球體。它們是透明的，透過它們可以看到房間的另一邊。

兩姊妹對這些飄浮球體的出現並未感到不安或驚慌失措，相反地，她們很感興趣。那位妹妹拍了三張照片後，就將手機放下。那個來看她女兒的婦人開始與最接近的球體交談，並透過它以某種方式與女兒交談。根據富人的妹妹向我和妻子描述，她們的談話讓雙方都得到了滿足，也令人熱淚盈眶。然後幾分鐘之後，光球就這樣消失了！房裡只剩下了兩姊妹。

我想說的是，我既不是照片分析專家，也沒有親自在那個房間裡看到那些球體的顯現，或是經歷了那位婦女在大白天裡看到三個球體，或聽到它們發出的聲音。

但我確實知道這些球體被拍攝了下來，而且它們極不可能是「鏡頭光暈」，因為這些球體是在房間內的不同地方所拍攝，但大小和外觀都依然保持一致，而且是由那位前來拜訪的婦人親自拍攝的。最重要的是，她對那天下午發生的事情深受感動和心滿意足。

第二天，這位婦人選擇不再回到靈視室。富人的妹妹聯繫了我的妻子，解釋說這位婦女與女兒之間的聯繫非常強大，因此她覺得沒有必要進行更多地嘗試。[35]

這個案例，是否回答了這些遭遇是否真實且可以被其他人觀察到的問題？換句話說，我是否可以肯定地說，我們已經找到客觀證據來證明靈視能讓生者與所愛的人再次相遇？

以上面這個案例來說，我的回答是「是的」，而且我要補充一點，那就是如果有一個這樣的客觀證據案例，那麼勢必還有其他更多個案例，當然也就有足夠的證據來表明靈視經歷的確是客觀的證明事件。

以本質上而言，這個案例研究是經驗的黑天鵝理論。這個理論源自於動物學家的認知——所有天鵝都是白色的，但事實並非如此。荷蘭探險家威廉．德弗朗明（Willem de Vlamingh）於一六九七年開啟了澳洲探險，並成為第一個看到黑天鵝的歐洲人。[36]隨著這項發現，出現了一個新的科學警示，也就是「黑天鵝理論」。這個理論提出，只需要發現一隻黑天鵝，就可以證明並不是所有的天鵝都是白色的。或者，以靈視而言，只需要可以證明的一次經歷，而其中有兩個或更多人目擊到了該經歷，就足以表明它會不只一次地發生。

「黑天鵝理論」最早由哲學界中對死後生命最嗤之以鼻的學者大衛．休謨（David Hume）所提出（是不是有點諷刺！），不過容我引用現今的一段話來解釋這個理論。納西姆．塔雷伯（Nassim Taleb）在他的《隨機騙局：潛藏在生活與市場中的機率陷阱》（*Fooled by Randomness*）一書中，進一步藉用了休謨與其他哲學家對於黑天鵝理論的觀點，在整本書中探討了它之於案例研究、之於蒐集並研究的學者以及死後生命研究的意義。塔雷伯沿用了休謨的論點，說：「無論再多的觀察，也不能得出所有天鵝都是白色的推論；但只要觀察到一隻黑天鵝，就足以推翻這個結論。」[37]

為什麼靈視揭示了死後生命

古希臘人廣泛使用靈視的方法來接觸已故的親人；出於同樣的原因，它在中世紀也被廣泛使用，尤其是在瘟疫時期。而它用於尋找死者的方法，則在十九世紀的英國和美國廣為人知，當時兩國的文化都對由心靈研究協會這類的組織團體所進行的研究主題產生了濃厚的興趣，而靈視就是在許多教會中進行的活動之一。當時有很多名人參與其中，例如：心理學家威廉．詹姆斯和生物演化學家亞爾佛德．羅素．華萊士（Alfred Russel Wallace）都進行過招魂術。而居禮夫人和丈夫皮耶是放射性研究的先驅，但他們也出現在教堂中，對與無形力量相互作用的可能性很感興趣。其他著名的靈性實踐者，如馬克吐溫、弗雷德里克．道格拉斯（美國廢除黑奴制度的運動領袖）和維多利亞女王，都曾接觸過靈視等精神心靈上的慰藉。

這種興趣一直延續到二十世紀，當時恐怖的第一次世界大戰奪走了數百萬個家庭的兒子。對於在那場戰爭中陣亡的士兵父母來說，靈視成為一種精神上的寄託，撫慰人們失去親人的悲傷，並滿足與死者溝通的渴望。

到了二十世紀初，人們在燭光下凝視鏡子並看到死者靈魂的圖像很常見。我收集了大量的這些圖像，也在明信片上發現了很多，在企業分發的廣告卡上也有一些。但沒有一張出現一九一五年之後的郵戳日期。

靈視在歷史上出現的這種差距，讓我懷疑廣播和電視的出現是否消滅了這種古老的技術。

不管原因是什麼，一個世紀前的常見做法在今天竟然變成了高度違反直覺的手段。然而透過凝視鏡子來喚起死者的方式正在捲土重來，這次它搖身一變，成了超個人心理學派公認的悲傷治療法。

這當然代表了我們需要更多的研究，來證明與逝者的真實接觸。我對此非常期待。但對我來說，那個拍下球體照片的婦人已足以客觀地表明死後世界的真實存在。我則要將靈視的探討交給其他的研究人員，希望找到更多該研究領域的證據。

結語

真正的質疑者揭開了真相。
——雷蒙．穆迪博士

這本書集結了六十年來的訪談、觀察、研究與個人經驗，和對人類存在中或許最大謎團的反思：這些非凡且鼓舞人心的經歷是否能證明死亡之外的生命存在？

我可以肯定地回答這個問題。是的，它們確實能。但要理解其中的原因，我們需要從這個問題的三個不同層面來看。

首先，也是最重要的專業倫理層面。其次，單純屬於個人層面，是關於我，雷蒙．穆迪，在回答這個問題時的想法。最後，則是關於證據本身。

讓我們依次探討這些層面。

倫理層面：對悲痛者的價值

身為一名醫生和人類，我知道在試圖蒐集並提出有關死後生命的理性證據時，專業倫理必須是首要的考量。柏拉圖曾指出，我們無法將來世的理性探究與複雜的情感慰藉各自獨立。[1]

也就是說，有關死後生命的問題會自然地出現在人們的心理和精神發展中的某些可預期的關鍵階段，而因失去親人的悲痛或許是我們最熟悉的一個例子。深陷悲痛中的人會想要尋求慰藉，希望知道他們逝去的親人安然無恙，並且在有朝一日能再重聚。

個人層面：我對這個問題有什麼感受？

對於死後生命的正面陳述，非常能夠讓那些深切悲痛的人感到寬慰，倘若發表這些正面陳述的人具備博士學位等專業頭銜，這些正面陳述的效果可能會更為強大。假設現在某個具有專業資歷的個人或組織，挺身宣告已經證明了死後生命的確存在，這個聲明無疑能夠振奮許多哀悼者的心情，並減輕他們的痛苦。

再進一步假設，若一兩年後發現當初的聲明中有一個無法彌補的缺失，因此必須撤回該宣告。現在，請從一個曾從聲明中獲得深切慰藉的人的角度來看，他們很可能會因得知這個正面陳述是個假象而重新陷入絕望。此外，他們或許有理由對發表這個最終被證實為虛假聲明的醫生或組織感到憤怒。

因此，我的觀點是，在這樣一個充滿情感重量的生命問題上，隨意使用「證據」這個強大的詞彙是錯誤的。

既然如此，那麼這本書中蒐集到的這些經歷又該如何解釋？這些經歷能否被整理成一個幾乎任何人（包括非專家）都能理解的死後生命證據呢？在這裡，我的答案是肯定的。經過六十年像偵探般調查了無數的現象、情況，以及接觸到那些本身經歷了戲劇性死亡的人之後，我無法想出任何合理的替代解釋，除了陳述「我們的意識在肉體死亡後，依然存在於另一個領域中」。雖然我在說出這句話時，仍然不免有些遲疑，因為我也尚未完全肯定死後生命的存在，即使依現有的狀況而言，我必須說我認為死後生命確實存在。

舉例來說，我有許多因個人瀕死經驗而徹底改變的醫生朋友，他們一致告訴我，他們的死亡經歷不僅真實，還是「超」真實！而且遠比日常清醒時的現實更真實。然後我問自己：「如果生病或受傷了，我會信任這些朋友的醫學判斷嗎？」每一次我的答案都是堅定的「會」！

因此，我發現自己陷入兩難的局面。他們一致認為自己的瀕死經驗是真實到超越現實，所以對我來說，很難找到一個令人信服的理由來拒絕他們在這方面的判斷，更何況我在生死攸關的情況下還會完全信任他們的醫學判斷。

身為一位具備理性邏輯思考的教授，我非常清楚這在技術層面上並不是一個有效的理性論據，但卻是我在試圖面對死後生命這個認知和精神上的難題時，所能依賴的推理方式。

因此，基於對同儕判斷的信任，在很大程度上解釋了為什麼我，雷蒙・穆迪，接受死後生命存在的論點。

那麼其他人呢？是否有某種更普遍使一般人信服的理由？

這讓我們來到探討死後生命證據的第三層思考，即什麼是證據？它是否能夠解釋物質死亡後意識延續的奧祕？

什麼是證據？

在我身為哲學教授，同時研究、教授關於死後意識延續問題的數十年間，這個議題總是回到一個核心問題：「我們有沒有證據？是否能夠定義什麼是證據？」正如在引言中所討論的，我們知道證據是一種理性的方法，能引導所有遵循它的人得出相同的邏輯結論。但就像我們在這些章節中發現的，這個定義有更多需要考慮的地方。

我的哲學課程，聚焦在分析傑出思想家所提出對來世信仰的最嚴峻考驗。這些真正的難題在歷史上由兩位著名的英國哲學家大衛·休謨（一七一一到一七七六）和艾耶爾（一九一〇到一九八九）精確地提出。休謨談到，死後世界的證明需要超出我們現有邏輯原則的範疇[2]；艾耶爾則在稍後解釋了為什麼現有的邏輯行不通。也就是說，理智上而言，我們可以相信一個人經歷了性格上、生活方式或信仰的完全改變而存活了下來。艾耶爾進一步說明，但宣稱一個人在個人身體的毀滅後依然存活，則是完全令人無法理解。[3]

休謨和艾耶爾各自指出了真實生活中必須克服的理性證據，這也是想要證明死後生命仍然存在的一大阻礙。正如我們所知，邏輯處理的是字面意義的真或假陳述。但由於死後生命的論點基本上超出了理性的思考框架，因此普通邏輯不足以證明來世的存在。

休謨和艾耶爾是正確的，正因為他們是正確的，所以他們的論點也直指解決這些困難與阻礙的方向。

艾耶爾在他一九三六年的經典著作《語言、真理與邏輯》（*Language, Truth and Logic*）一書中，寫到了死後生命概念的無法理解性。艾耶爾是我的智識英雄之一，我於一九三六年在大學主修哲學時讀了他的書。艾耶爾的著作使許多世代的哲學讀者瞭解到死後生命的概念沒有能夠確定或可理解的定義。他的探討更是一個警鐘，提醒那些以為證明死後生命是一件簡單事的人。

然而，艾耶爾在一九七〇年代末期經歷了一次瀕死經驗。

幾年後，我們兩人都在倫敦參加 BBC 深夜廣播節目時，他親口告訴我那次的瀕死經驗對他的生活產生了巨大的影響（這是一次徹底地改變）。那次在節目上討論的主題是瀕死經驗，艾耶爾和我在節目開始前在休息室裡碰面。我感到非常榮幸，因為他願意與我討論他的瀕死經驗。我問他是否認為他的瀕死經驗可能只是譫妄，他立即且堅定地回答絕對不是。艾耶爾還告訴我，他感覺到這次的經歷是專門為他安排和設計的，他感覺到某種感知的存在，雖然沒有更進一步地說明，但艾耶爾認為這個存在精心策劃了他的經歷。

現在，艾耶爾在一九六三年提出的「探討死後生命的不可理解性」，在他經歷了瀕死經驗後變得——更不可理解了！他非常相信生命的延續，以至於不得不反駁自己最初的前提，而那條被他關閉的探索之路也再次敞開。

如今的情況更不同。人們愈來愈體認到，即使是那些讓大腦困惑、無法理解的事物，也應該進行嚴格的研究，因為這才是明智之舉。新開發的技術顯示出，即使是不可理解性本身也具有可辨識的結構，並且有許多不同的類型和模式。因此，想要證明死後生命的存在，也不再是一個障礙。

死後生命的研究正迎接一個嶄新的時代，這也引出了支持死後生命存在的第八個理由，它將前面的七個理由統整在一起，因為我們所調查的許多經驗可以合理地被認為是死後生命的證據。換句話說，根據我們所學到的內容，可以理性地預期我們的意識在身體死亡時會進入另一個現實領域。因此，基於死後生命的存在事實，我們應該做什麼或思考些什麼呢？

提供個人建議並不是我的本性。此外，我也不是一個告訴大家該如何管理個人生活的榜樣。然而，有那麼多人忍受著深切的痛苦、極度的悲傷和巨大的磨難，我就破例一次。

或許，你就是那些因失去親人而哀悼的人之一；或者，你是那個被診斷出患有不治之症的人。你可能是那個逐漸變老的人，開始思考並分析生命到底代表著著什麼。你也可能是那些因為對死亡的恐懼而無法盡情享受生命的人。或是，你可能是只是天生好奇，對任何事物都無法抗拒強烈的好奇心。

如果以上的這些描述有任何一點說中了，那麼你可能會想知道並擔心是否真的有所謂的死後生命。如果是這樣，就讓我以六十年來好奇地研究這個謎團的經驗，為你提供一些個人建議，就是——請振作起來。經過幾十年的堅持和嚴謹的推疑與探究，我對死後的生命充滿信心，也因此提供了這些能帶給你寬慰、安心或啟示的想法和建議。

是的，隧道的盡頭確實有一道令人安慰、充滿愛的光芒。

致謝

寫作是一種寂寞的專業領域，但顯然也需要集合眾人的力量才能完成一本書，特別是這本書名令人敬畏的《當靈魂離開身體》。

首先，要感謝十多位與我們和其他研究學者分享死亡經驗的人。其中一些甚至發生在好幾個世紀之前，而這一切都是為了想要找出這些超自然經驗之所以發生的原因，以及它們如何發生和發生的狀況。我們多年來與成千上萬瀕臨死亡又復生的人進行了交流，他們敘述了自己的神奇經歷，或者分享了親人的死亡經歷，甚至是他們不認識的人的死亡經歷。說出這些故事需要很大的勇氣，但若是沒有了這些故事，就不會有死亡領域的研究，也不會有用來研究死亡之謎的資料。從本質上來說，死亡研究是故事的研究，如果沒有這些事件的正確紀錄，我們就會迷失方向。而我們正是從這些故事當中，找到了自己的方向。

意識研究——尤其是死後意識是否存續的研究，引起了醫生、科學家、神職人員和哲學家的無限興趣，他們都被「我們死後會發生什麼事？」這個古老的問題所困擾。雖然我們的感謝追溯到幾千年前的亞里斯多德、柏拉圖和其他研究這個問題的古希臘偉大思想家，似乎很荒謬，但將他們納入我們的致謝中才是公平的。他們為如今仍被研究討論的死後世界的可能性，奠定了基礎。

我們也要對其他早期的研究人員，像是艾德蒙．格尼、威廉．亨利．弗雷德里克．邁爾斯（William Henry Frederic Myers）和法蘭克．帕摩爾等，致上謝意。他們奉獻了一生中的大部分時光，致力於尋找和檢視他們研究的數百個案例，並集結於《生者的幻象》（第一部與第二部）。這些書建立了全球死亡研究領域的完整性與思考脈絡。

同樣地，都柏林的物理學家威廉．巴瑞特爵士的作品也是如此。他的著作《臨終影像：臨終者的心靈體驗》是此領域的經典著作，更促使他公開聲明其中的證據，確實證明了靈性世界與死後生命的存在。

許多現代研究學者的死亡研究更是有廣大影響力，包括：布魯斯．葛瑞森博士，他的整體研究為其他研究人員開創了可依循的方向。邁克爾．納姆博士，命名並定義了迴光返照現象，同時在許多領域開創了死亡研究的其他方式。醫學博士傑佛瑞．朗和他的妻子裘蒂．朗創立了瀕死經歷研究基金會，兩位也都是死亡研究領域最優秀的思想家之一。而肯尼斯．林格博士的開創性研究與精神，使他成為瀕死經驗的主要推動者。梅爾文．莫爾斯博士的研究專注於成人和兒童在歷經瀕死經驗之後的轉變，引領瞭解瀕死經驗和其他死亡經驗的長期影響。

醫學博士邁克．薩柏木推進了意識研究以及他早期的瀕死經驗研究。他不相信《死後的世界》一書中那些「異乎尋常」的瀕死經驗描述，所以與精神病理社會工作者莎拉．克勞茲格致力於揭開真相。結果完成了一本支持雷蒙進行研究的《死亡回憶》（暫譯，*Recollections of Death*）一書。薩柏木博士、穆迪博士、葛瑞森博士、約翰．奧戴特以及肯尼斯．林格在之後創立了國際瀕死研究協會。

神經病學專家暨英國倫敦國王學院資深講師的彼得．芬威克博士是智慧和研究的源泉，尤其是在共歷死亡經驗的研究。

潘妮．薩托里博士的研究也是，她在英國重症加護病房的護理師工作，使她擁有數百則瀕死經驗案例的第一手資料，其中有一些更是鉅細靡遺的詳細紀錄。

荷蘭心臟科醫生皮姆．范勞美爾（Pim van Lommel）博士，他針對三百四十四名心臟驟停倖存者及其瀕死經驗的全面研究，著實值得嘉許，而所有的這些都已經收錄在他的暢銷書《超越生命的意識》（*Consciousness beyond Life*），這是一項大規模的研究，其中的許多現有瀕死經驗皆已獲得證實。

已故的喬治．里奇博士是雷蒙一生中令人敬畏的人物，也是一位好朋友和優秀的老師。他與雷蒙及任何覺得自己需要瞭解其神奇之處的人，分享了他的瀕死經歷。同樣地，伊本．亞歷山大在他銷量驚人的暢銷書《天堂的證明》出版前幾年，就已經是雷蒙可靠的好朋友。他是一個慷慨的人，與成千上萬的人分享了他的故事，並與他的妻子凱倫．紐維爾（Karen Newell）一起，透過在神聖聲學領域上的不斷努力，拓展了整體健康的世界。

在個人方面，雷蒙想將這本書獻給他的妻子雪柔，她堅強的個性、幽默感和毅力，是身為終生致力於研究的學者的另一半，所需具備的核心特質。雷蒙也要將本書獻給他的四個孩子：年齡最長的艾佛瑞是一名醫生，山繆爾是一名哲學教授，他們兩人是雷蒙的驕傲；卡特和卡蘿是雷蒙的年幼孩子，觀察他們在生活中的一切，是一件很欣慰的事。

保羅也要將此書獻給他的妻子達琳，感謝她一直都在的支持、對寫作之路的理解與鼓勵，她無疑是把標準設得最高的人。

保羅和雷蒙已經合作了將近四十年，合作出版了六本書，並製作了兩部電影。在那段時間裡，保羅採訪了數百名經歷過瀕死經驗、共歷死亡經驗，以及其他類型的死亡經歷。他很榮幸能與雷蒙密切地合作，雷蒙是一位老師、繆思、嚮導，最重要的是，他是一位朋友。

最後要向超越文字出版公司（Beyond Words Publishing）的團隊致謝。創意總監蜜雪兒・艾胥蒂亞尼・科恩（Michele Ashtiani Cohn）和她的丈夫——出版商兼總裁理查・科恩（Richard Cohn）在《當靈魂離開身體》中看到了他們喜歡的部分，並將其納入羽翼之下。

透過他們，我們認識了貝利・波特（Bailey Potter），透過他的手將這份手稿經過專業的編輯。

永遠不要低估一位優秀編輯的價值，特別是當她能讓兩位作家比沒有她時還要更好。感謝林賽伊斯特布克布朗（Lindsay Easterbooks-Brown）的總編輯和她的團隊：愛瑪麗莎・史派洛伍德（Emmalisa Sparrow Wood，製作編輯）、克莉絲汀・泰爾（Kristin Thiel，文案編輯）、艾胥莉・范溫克爾（Ashley Van Winkle，校對）、布倫納・赫默（Brennah Hermo，行銷與宣傳）、比爾・布倫森（Bill Brunson，排版），以及負責封面設計與保持內頁易讀的美術設計師戴文・史密斯（Devon Smith）。正如他們的公司名稱所暗示的那樣，他們都無法用言語來形容。

附錄一

常見問題與回答

一、人可以為積極的生命回顧做準備嗎？

生命回顧是瀕死經驗中最發人深省的面向之一。對某些人來說，鉅細靡遺地回顧自己人生的想法，著實難以接受。畢竟瀕死親歷者不僅回顧自己的生活，也連帶回顧了與之互動的人的生活，並能感受到自己帶給對方的感受。如果回顧者曾經對他人不友善，那麼這個過程可能是消極和痛苦的；如果是仁慈和友善的，就可能會是積極正面的。在共歷死亡經驗的情況下，對於親人能夠詳細回顧自己生活這件事，就令人難以想像。

這使得現在有些人將生命回顧視為一種定期的靈性修行。他們不斷努力地提醒自己，別人會從各個角度再次看到他們所做的一切，所以他們在做出反應之前會先思考，確認自己以善意回應別人的憤怒情緒，即使沒有人注意到，也會選擇公平正義地行事，並遵循桑普的母親在他說了關於斑比的不友善話語後，讓他背誦的建議——如果不能說好聽的話，倒不如什麼也不說。[1]

在我的希臘哲學研究中，我發現有一群哲學家在起床前會在心裡詳細回顧前一天的情況。他們之所以這麼做，是因為所屬的團體以輪迴為中心信仰，他們是在強化記憶，他們覺得這樣可以為死後做更好的準備來選擇下一個人生。[2]我曾經試過幾次這種強化訓練，每次都定期練習了好幾個月。若拋開輪迴的議題不談，我可以證明這些練習是有效的，能使我警惕自己的言行可能會影響他人。

不過也請謹記，進展可能會很緩慢，但隨著時間的推移，效益會逐漸顯現。最重要的是，放鬆並接受你只是一個人。畢竟愛自己是你所追求的一部分。

二、共歷死亡經驗的資訊如何影響整個社會？

有些人推測，如果每個人都知道共歷死亡經驗及其對死後生活的啟示，這將藉由靈性的層面來改變整個世界，愛與善意會像一場和平的瘟疫般蔓延開來。聽起來是如此地美好，但就我個人而言，我對是否能產生這麼劇烈的影響抱持懷疑。為什麼我會這麼認為？因為即使沒有來世的證據，人們也應該充滿愛心、善良，並對生活感到喜樂。但相反地，這個世界上有愈來愈多人缺乏感恩的心，愈來愈多的人對周遭的世界充滿憤怒和不滿。死後世界在證據上的不足，應該成為珍惜生命的理由，而不是減少幸福的原因。

從本質上說，我認為人在天性上喜歡衝突，無論這個衝突是在自己或與他人及之間。而整個世界的轉變需要的不是死後生命的證據，而是人性的改變。

此外，現實中的大多數人連想像自己的死亡都很困難，更不用說要想到死後的生活了。借用佛洛伊德的話，大多數人相信，我們將在現場見證自己的死亡，看著他人逝去，而我們將走向永恆。

三、為什麼有些人能經歷共歷死亡經驗，有些人卻不能？

我不知道原因。但我知道大約有百分之十到二十的人從心臟驟停中恢復過來（這是瀕死經驗的黃金標準），並提到經歷了瀕死經驗[3]；這也顯示了整體來看可能有更多的經驗未納入紀錄，而缺乏經驗案例或許也是共歷死亡經驗研究的一個挑戰。

之所以稱為挑戰，是因為我們雖然知道為什麼會發生瀕死經驗（復甦的過程），但我們不知道為什麼會發生共歷死亡經驗。與一個即將死亡的人關係親密當然是一個原因，但一些預知經驗又顯示，共歷死亡經驗的發生並不一定都出現在臨終者的旁邊，有時也會發生在一個遠距離意外死亡的人。

截至目前為止，關於共歷死亡經驗的頻率研究還有待施行。不過，從與同事和病人的對話中，我知道這種經歷比我預期的還要多。因為當我在研討會上詢問有多少人曾經歷或知道朋友或家人有共歷死亡經驗，舉手的人數比例都相當高。

就如同瀕死經驗的例子，知道了這些經歷的名稱和定義，可以讓人們對這些奇妙經歷的原因有更好的理解。

四、共歷死亡經驗在醫學上具有什麼獨特的意義？

很少有醫生能夠回答關於瀕死經驗和共歷死亡經驗的問題，這並不是因為他們不感興趣，而是因為他們的訓練過程不包括處理諸如死後生命這樣的神祕議題。因此，醫生們實際上認為關於死後生命的問題與他們的臨床角色無關，這是一個事實並非嘲諷。

那麼為什麼醫生需要了解共歷死亡經驗呢？至少有兩個臨床上的原因：

1. 瀕死經驗可能對患者的心理和生理造成強烈的震撼。經歷過瀕死經驗的人至少需要能夠與專家談論所發生的事情，以宣洩情緒、釋放心中的壓力。而醫生至少應該要能夠在一定程度上滿足這些需求。

2. 每一位醫生都需要能夠向有過共歷死亡經驗的人保證，他們並不孤單。讓患者知道他們的經歷也發生在其他人身上，這會讓他們感到極大的安慰。

五、如果醫生沒有做好討論共歷死亡經驗的準備，那麼該求助於誰呢？

你應該與誰交談，取決於你的需求。如果你需要緩解悲傷，並找出一種方式來面對親人過世的事實，那麼我強烈建議你求助於諮商師或心理學家，並確認心理學家受過悲傷治療的訓練，也願意且能夠處理你的擔憂，即使這些擔憂事實上過度且不切實際。

若是你想進行更深入、廣泛的探索，那麼與一個受過理性探索訓練的人交談會很有幫助，例如哲學系的學生，這可以幫助你以理性的方式面對死後生命的奧祕。有些哲學家對死後生命的問題有著濃厚的興趣，很願意跟你討論這個可以追溯到古希臘時代（如：柏拉圖和畢達哥拉斯）的歷史。這是一門相當令人振奮的學科，深入探討了人類最常問的一個問題：我們死後會發生什麼事？

六、未來在共歷死亡經驗和死後生命的研究上，會有什麼樣的進展？

我認為死後生命研究的未來在於重新塑造我們的思考方式，以一種新的方式與共歷死亡經驗進行互動。而藉由思想上與態度上的事前準備，我們可以更清晰、更理性地向他人解釋瀕死經驗和共歷死亡經驗。這樣的準備工作，才能為死後生命的理性探索帶來真正的突破。

這樣的回答聽起來似乎充滿驚奇與難以置信。然而根據我對瀕死經驗與共歷死亡經驗的研究，我有充足的信心一定能夠捍衛我的主張——讓知識成為哲學的突破關鍵。

七、對於害怕死亡的人有什麼建議？

合理來說，我們每個人都害怕死亡。所以，我認為告訴別人他們不應該有這種恐懼是不切實際。相反地，我會建議他們研讀探討身體死亡後仍可能存在的醫學文獻，或是與有過瀕死經驗或共歷死亡經驗的人交談。這些人就在我們的身邊。該如何找到這些人呢？只要想辦法提到關於瀕死經驗或共歷死亡經驗的話題，你絕對會驚訝並慶幸自己這麼做。恐懼往往只是缺乏知識。因此，請透過閱讀和交談來學習這些現象。不要害怕學習，你最終會從它那裡得到幫助。

你曾經歷過瀕死經驗、共歷死亡經驗或相關經歷，並想要分享嗎？你對死後生命有任何的疑問嗎？請上 proofoflifeafterlife.com 網站並填寫問卷與我們聯繫。

附錄二

如何建立屬於你的靈視室

在閱讀了靈視的過程後，許多人都想自己試試看。如果你也屬於這一類人，那麼這裡有一些基本的指導，教你如何透過凝視鏡子喚起已故之人的靈魂。首先請你記住，這件事沒有一定的公式，但放鬆的心態有助於促進這類經歷發生。

你需要準備一個空間來與已故之人的靈魂相遇。選擇一個可以藉由關門、拉下百葉窗或拉上窗簾來變暗的房間（步入式衣櫃也可以）。接著將一面鏡子安裝在牆上，要放得夠高，讓你坐在距離牆壁約九十公分遠的舒適椅子上時，不會看到自己的倒影。最好的選擇是躺椅，因為它可以讓你在舒適的姿勢下完全放鬆。

鏡子要夠大，大到可以占據你大部分的視線。同樣地，請不要過分在意鏡子的確切尺寸。我用的鏡子大約是一百二十公分乘一百二十公分左右的大小，但小一點的鏡子也可以。將一個大約二十瓦的小燈泡放在椅子後面，讓光線在房間中緩慢瀰漫，柔和地照亮鏡子。

盡可能排除太多的反射，但完全不反射也幾乎不太可能。請反覆試驗，直到找到覺得舒適的安排。

開始進行凝視時，心裡最好不要有任何的期待，只需凝視著鏡面並放鬆即可。讓你的思想自由，看看會發生什麼事。大多數人會先看到霧氣和雲彩，然後可能會轉變為成形的幻象。很多人說，他們首先看到的是風景，山脈或森林裡的湖泊。或者可能看到人們在複合的環境中互動，像是建築物裡面或城鎮的環境。有時候也會產生創意。這些年有不少藝術家告訴我，他們用凝視鏡子來挖掘自己的創造力，並產生繪畫或寫故事的想法。

當你習慣了放空地凝視著鏡子之後，就可以進入到喚起逝者的過程。選擇某個你想再見他一面的已故者，在完美的狀況下，最好能請一位你信任的朋友或親戚，在過程中提供協助。他們的工作是詢問你有關那位已故親人的問題，主要是你自己可能沒有想到的問題。這個作法是為了引導你並開啟進入思考和感受的過程。

這個過程沒有具體的時間限制，目標是繼續與你的助手交流，直到已故的親人歷歷在目地在你的腦海中。完成這一個過程之後，請坐在鏡子前的椅子上，然後就像自己在鏡子裡一樣凝視著鏡子，凝視著無限的深處。

這種體驗的魔力不是來自鏡子，而是來自於你的想法。放鬆、感到輕鬆舒適，沉浸在處於睡眠狀態邊緣的感覺中（一種被稱為催眠的狀態）。不要給自己太大的時間壓力。在開始凝視之前，最好不要戴手錶，並將手機設為靜音，然後放在手拿不到的地方，讓整個過程按照自然的步調展開。

我會建議你在一本筆記本上寫下每一次的感想，幾次之後，你會對這個過程更加熟悉，也能更快地進入狀態，並達到更好的效果。

註釋

前言二：超乎瀕死經驗

1. Raymond Moody, *Life After Life* (St. Simons Island, GA: Mockingbird Books, 1975).
2. William James, *The Varieties of Religious Experience* (Cambridge, MA:The Riverside Press, 1902), 226.
3. A version of "An SDE of My Own" was published in Raymond Moody, MD, with Paul Perry, *Glimpses of Eternity: Sharing a Loved One's Passage from This Life to the Next* (New York: Guideposts, 2010), 48–50.
4. C. S. Lewis, *Mere Christianity* (New York: Macmillan, 1952), 39.

共歷死亡經驗

1. Gregory Vlastos, Studies in Greek *Philosophy*, vol. 2 (Princeton, NJ: Princeton University Press, 1995), 8.
2. Plato, "Phaedo," in *The Collected Dialogues of Plato*, eds. Edith Hamilton and Huntington Cairns (Princeton, NJ: Princeton University Press, 1961), 68.
3. Plato, *Phaedo*, trans. Edward Meredith Cope (Cambridge: The University Press, 1875), 20.
4. Plato, "Apology," in *The Dialogues of Plato*, trans. Benjamin Jowett (Oxford, UK: Oxford University Press, 1924), 133–34.
5. Louisa May Alcott, *Her Life, Letters, and Journals*, ed. Ednah Dow Littlehale Cheney (Boston: Little, Brown, and Company, 1919), 97–98.
6. Diane Goble, "Diane G NDE," Near Death Experience Research Foundation, accessed January 4, 2023, https://www.nderf.org/Experiences/1diane_g_nde.html.
7. Raymond Moody interview with an SDEr, 2019.
8. Erlendur Haraldsson (Icelandic psychologist and author of *I Saw a Light and Came Here*)

in personal communication with Paul Perry, March 1990, 1995, 2000.

9. Melvin Morse and Paul Perry, *Transformed by the Light: The Powerful Effect of Near-Death Experiences on People's Lives* (New York: Villard Books, 1992), 58–60.

10. Melvin Morse (afterlife researcher and author of *Closer to the Light* with Paul Perry), in discussion with Raymond Moody and Paul Perry at a conference in Seattle, Washington, 1989.

11. C. G. Jung, *Jung on Death and Immortality*, ed. Jenny Yates (Princeton, NJ: Princeton University Press, 1999), 156.

12. Alexander Batthyany, PhD (director of the Viktor Frankl Institute), in discussion with Paul Perry, 2020.

13. D. Scott Rogo, *A Psychic Study of "the Music of the Spheres"* (Ann Arbor, MI: University of Michigan, 1972), 64–66.

14. Michael Nahm, "Terminal Lucidity in People with Mental Illness and Other Mental Disability: An Overview and Implications for Possible Explanatory Models," *Journal of Near-Death Studies* 28, no. 2 (Winter 2009): 90, accessed February 7, 2023, https://

digital.library.unt.edu/ ark:/67531/metadc461761/.

15. Raymond Moody interview with a psychomanteum client, 1991.
16. Joan Rivers (comedian, actress, and producer) in discussion with Raymond Moody, 1992.
17. *The Oprah Winfrey Show*, season 8, episode 208, "Communicating with the Dead," aired October 18, 1993, syndicated.

見證｜：靈魂出竅

1. Queen Noor, *Leap of Faith: Memoirs of an Unexpected Life* (New York: Miramax Books, 2003), 236.
2. Noor, *Leap of Faith*, 236.
3. An NDEr, in discussion with Paul Perry at a conference in Santa Barbara, California, 2018.
4. Raymond Moody interview with a surgeon at a conference in Milan, Italy, 2010.
5. Melvin Morse (afterlife researcher and author of *Closer to the Light* with Paul Perry), in discussion with Raymond Moody and Paul Perry, circa 1993.

6. Raymond Moody interview with Viola Horton, her family, and attending physician, 1975; Case study was included in Peter Shockey (director), *Life After Life*, documentary starring Raymond Moody, 1992; Viola Horton's account presented by Raymond Moody and The Learning Channel at "Near Death Experience with Many Verified Events Proving It Was Real, Dr. Morse Presents," Melvin Morse, February 28, 2011, https://www.you tube.com/watch?v=MFCnPOTCYJE.

7. A version of this story was published in Raymond Moody, MD, with Paul Perry, *Glimpses of Eternity: Sharing a Loved One's Passage from This Life to the Next* (New York: Guideposts, 2010), 90–91.

8. Raymond Moody interview with physician, circa 1989.

9. Events from Raymond Moody's discussions and correspondence with Michael Sabom and Sarah Kreutziger, circa 1977.

10. Michael B. Sabom, *Recollections of Death: A Medical Investigation* (New York: HarperCollins, 1982).

11. Sabom, *Recollections of Death*, 36.

12. Sabom, *Recollections of Death*, 106.
13. Sabom, *Recollections of Death*, 30–31.
14. Sabom, *Recollections of Death*, 26.
15. Sabom, *Recollections of Death*, 36.
16. Sabom, *Recollections of Death*, 84.
17. Penny Sartori, "A Long-Term Study to Investigate the Incidence and Phenomenology of Near-Death Experiences in a Welsh Intensive Therapy Unit," *Network Review: Journal of the Scientific and Medical Network*, no. 90 (Spring 2006), republished on the International Association for Near-Death Studies website, https://iands.org/research/nde-research /important-research-articles/80-penny-sartori-phd-prospective-study .html?start=1.
18. Sartori, "Long-Term Study."
19. Janice M. Holden, "More Things in Heaven and Earth: A Response to 'Near-Death Experiences with Hallucinatory Features,' " *Journal of Near- Death Studies* 26, no. 1 (Fall 2007): 40, https://digital.library.unt.edu /ark:/67531/metadc799193/m2/1/high_res_d/vol26-no1-33.pdf.

20. Holden, "More Things," 40.
21. Holden, "More Things," 40.
22. Holden, "More Things," 40.
23. Jeffrey Long, "Near-Death Experiences Evidence for Their Reality," *Journal of the Missouri State Medical Association* 111, no. 5 (September–October 2014): 372–80, https://www.ncbi.nlm.nih.gov/pmc/articles/ PMC6172100/.
24. Long, "Near-Death Experiences," 374.
25. Long, "Near-Death Experiences," 374.
26. Long, "Near-Death Experiences," 374.
27. Long, "Near-Death Experiences," 374.
28. Long, "Near-Death Experiences," 374.
29. Jeffrey Long, "Evidence for Survival of Consciousness in Near-Death Experiences: Decades of Science and New Insights," July 21, 2021, https://theformulaforcreatingheavenonearth.com/wp-content/uploads /2022/04/05-RU-Jeffrey-Long.pdf.
30. Long, "Evidence for Survival of Consciousness," 10–11; Kate L NDE, Near Death

Experience Research Foundation, https://www.nderf.org /Experiences/1kate_l_nde.html.

31. Long, "Evidence for Survival of Consciousness," 11.
32. Paul Perry interview with Jeffrey Long, circa 2010–2012.
33. Perry interview with Jeffrey Long.
34. Perry interview with Jeffrey Long.
35. Jeffrey Long with Paul Perry, *God and the Afterlife: The Groundbreaking New Evidence for God and Near-Death Experience* (New York: HarperOne, 2016).
36. Perry interview with Jeffrey Long.
37. Perry interview with Jeffrey Long.
38. Long, "Evidence for Survival of Consciousness," 11.
39. Long, "Evidence for Survival of Consciousness," 11.
40. Long, "Evidence for Survival of Consciousness," 12.
41. Long, "Evidence for Survival of Consciousness," 12.
42. Perry interview with Jeffrey Long.
43. Perry interview with Jeffrey Long.

44. Charlotte Marial et al., "Temporality of Features in Near-Death Experience Narratives," *Frontiers in Human Neuroscience* 11 (2017): table 4, https://www.frontiersin.org/articles/10.3389/fnhum.2017.00311/full.

45. "Key Facts about Near-Death Experiences," International Association for Near-Death Studies website, last updated July 18, 2021, https://iands.org /ndes/about-ndes/key-nde-facts21.html?start=1.

46. George Ritchie (American psychiatrist and author of *Ordered to Return: My Life After Dying*), in discussions with Raymond Moody over the course of their nearly thirty-year friendship.

47. George Ritchie, discussions.

48. "Wilder Penfield (1891–1976)," McGill University website, accessed February 8, 2023, https://www.mcgill.ca/about/history/penfield.

49. Laura Mazzola, Jean Isnard, Roland Peyron, and Francois Mauguiere, "Stimulation of the Human Cortex and the Experience of Pain: Wilder Penfield's Observations Revisited," Brain 135, no. 2 (February 2012): 631– 40, https://doi.org/10.1093/brain/awr265.

50. Richard Leblanc, "The White Paper: Wilder Penfield, Stream of Consciousness, and the Physiology of Mind," *Journal of the History of the Neurosciences* 28, no. 4 (2019): 416–36, https://doi.org/10.1080/09647 04X.2019.1651135.

51. Wilder Penfield, *The Mystery of the Mind* (Princeton, NJ: Princeton University Press, 1975), 85–87.

52. Penfield, *The Mystery of the Mind*, 115.

見證一：預知經驗

1. Sir William Barrett, *Death-Bed Visions: The Psychical Experiences of the Dying* (Detroit: Aquarian Press, 1986), 162.

2. Raymond Moody in interview with an SDEr, January 7, 2023.

3. Edmund Gurney, Frederic Myers, and Frank Podmore, *Phantasms of the Living*, vol. 2 (London: Rooms of the Society for Psychical Research, 1886), 182; a version of this story was published in Moody with Perry, *Glimpses of Eternity*, 109–110.

4. Gurney, Myers, and Podmore, *Phantasms of the Living*.

5. Gurney, Myers, and Podmore, *Phantasms of the Living*.
6. Gurney, Myers, and Podmore, *Phantasms of the Living*.
7. Sir William Barrett, *Death-Bed Visions: How the Dead Talk to the Dying* (United Kingdom: White Crow Books, 2011), 59.
8. Raymond Moody in interview with an SDEr, 2009; a version of this story was published in Moody with Perry, *Glimpses of Eternity*, 144.
9. Moody in interview with an SDEr, 2005.
10. Gurney, Myers, and Podmore, *Phantasms*, vol. 2, 235.
11. Perry interview with an SDEr, January 15, 2023.
12. A version of this story was published in Moody with Perry, *Glimpses of Eternity*, 59–62; a version of this story was also published in Melvin Morse, MD, and Paul Perry, *Parting Visions* (New York: HarperPaperbacks), 19–21.
13. Morse and Perry, *Parting Visions*, 45.
14. Morse and Perry, *Parting Visions*, 45.
15. Morse and Perry, *Parting Visions*, 46–48.

16. University of Missouri-Columbia, "People Who Rely on Their Intuition Are, at Times, Less Likely to Cheat," *ScienceDaily*, November 24, 2015, https://www.sciencedaily.com/releases/2015/11/151124143502.htm.
17. C. G. Jung, *Jung on Synchronicity and the Paranormal* (Princeton, NJ: Princeton University Press, 1997), 58-59.
18. Erlendur Haraldsson et al., "Psychic Experiences in the Multinational Human Value Study: Who Reports Them?," *Journal of the American Society for Psychical Research* 85 (April 1991): 150.
19. Erlendur Haraldsson, "Survey of Claimed Encounters with the Dead," *Omega* 19, no. 2 (1988–1989): 105, efaidnbmnnnibpcajpcglclefindmkaj /https://notendur.hi.is/erlendur/english/Apparitions/omega.pdf.
20. Haraldsson, "Survey of Claimed Encounters with the Dead," table 3, 110.
21. Haraldsson, "Survey of Claimed Encounters with the Dead," 106.
22. Haraldsson, "Survey of Claimed Encounters with the Dead," table 1, 106–107.
23. Haraldsson, "Survey of Claimed Encounters with the Dead," table 2, 109.

24. Erlendur Haraldsson (professor of psychology at the University of Iceland), in discussion and correspondence with Paul Perry, circa 1988.
25. Haraldsson, "Survey of Claimed Encounters with the Dead," 104.
26. Haraldsson, "Survey of Claimed Encounters with the Dead," table 2, 109–110.
27. Haraldsson, in discussion and correspondence with Perry, circa 1988.
28. Haraldsson, in discussion and correspondence with Perry, circa 1988.
29. Haraldsson, "Survey of Claimed Encounters with the Dead," 111.
30. Erlendur Haraldsson, in discussion and correspondence with Perry, circa 1988.
31. Erlendur Haraldsson, in discussion and correspondence with Perry, circa 1988.
32. Erlendur Haraldsson, in discussion and correspondence with Perry, circa 1988.
33. Stephen Hawking, *A Brief History of Time* (New York: Bantom, 1998), 1.

見證三：轉變之光

1. Charles Dickens, *A Christmas Carol* (Orinda, CA: SeaWolf Press, 2019), 17–18.
2. Dickens, *A Christmas Carol*, 2.

3. Charles Flynn, "Meanings and Implications of NDEr Transformations: Some Preliminary Findings and Implications," *Journal of Near-Death Studies* 2, no. 1 (June 1982): 3, https://digital.library.unt.edu/ark:/67531 /metadc1051956/.
4. Melvin Morse and Paul Perry, *Transformed by the Light: The Powerful Effect of Near-Death Experiences on People's Lives* (New York: Villard Books, 1992), 29.
5. Morse and Perry, Transformed by the Light, 58–60.
6. Raymond Moody in interview with an SDEr, circa 1992.
7. Moody in interview with an SDEr, circa 1991.
8. Moody in interview with an NDEr, 2021.
9. Moody in interview with an NDEr, 1991.
10. Moody in interview with an NDEr, 2010.
11. Moody in interview with an NDEr, 1991.
12. Moody in interview with an NDEr, 2009.
13. Michael Eden, "Brain Surgery Left Me with Special Gift, Says Herefordshire Modeller," *Hereford Times*, October 22, 2022, https:// www.herefordtimes.com/news/23068056.

brain-injury-made-ace -modeller-says-herefordshire-man/.

14. Moody in interview with an NDEr, 2010.
15. Moody in interview with an NDEr, circa 1991.
16. Plato, *The Republic*, trans. Desmond Lee (London: Penguin Classics, 2007).
17. Moody in interview with an NDEr, circa 1992.
18. Guidelines for "How to Support an NDEr" gathered during an afterlife conference in Seattle led by Raymond Moody with a panel of researchers including Melvin Morse and Paul Perry, circa 1990.
19. A version of this story was published in Morse and Perry, *Transformed by the Light*, 74.
20. Melvin Morse and Paul Perry, *Closer to the Light: Learning from the Near-Death Experiences of Children* (New York City, NY: Villard Books 1990), 152.
21. Morse and Perry, *Closer to the Light*, 151-53.
22. Morse and Perry, *Closer to the Light*, 153.
23. Dickens, *A Christmas Carol*, 94.
24. Plato, *The Republic*, 329a–331c.

見證四：迴光返照

1. Michael Nahm and Bruce Greyson, "The Death of Anna Katharina Ehmer: A Case Study in Terminal Lucidity," *Omega* 68, no. 1 (2013–2014): 81–82, https://www.researchgate.net/publication/260250637_The_Death_of_Anna_Katharina_Ehmer_A_Case_Study_in_Terminal_Lucidity.
2. Nahm and Greyson, "The Death of Anna Katharina Ehmer," 82.
3. Nahm and Greyson, "The Death of Anna Katharina Ehmer," 82–83.
4. Nahm and Greyson, "The Death of Anna Katharina Ehmer," 83.
5. Nahm and Greyson, "The Death of Anna Katharina Ehmer," 84.
6. Nahm and Greyson, "The Death of Anna Katharina Ehmer," 82.
7. Nahm and Greyson, "The Death of Anna Katharina Ehmer," 83.
8. A. D. (Sandy) Macleod, "Lightening Up Before Death," *Palliative & Supportive Care* 7, no. 4 (2009): 513–516, https://doi.org/10.1017 /S1478951509990526.
9. Alexander Batthyány, PhD (director of the Research Institute for Theoretical Psychology and Personalist Studies at Pázmány University, Budapest), in discussion with Paul Perry,

2021.

10. Michael Nahm (afterlife researcher, biologist, and parapsychologist), in discussion with Paul Perry, 2021.

11. Michael Nahm, "Terminal Lucidity in People with Mental Illness and Other Mental Disability: An Overview and Implications for Possible Explanatory Models," *Journal of Near-Death Studies* 28, no. 2 (Winter 2009): 89, accessed February 7, 2023, https://digital.library.unt.edu/ark: /67531/metadc461761/.

12. Nahm, in discussion with Paul Perry, 2021; Michael Nahm, "Terminal Lucidity Versus Paradoxical Lucidity: A Terminological Clarification," *Alzheimer's & Dementia* 18, no. 3 (March 2022): 538–39, https://doi .org/10.1002/alz.12574.

13. Nahm, "Terminal Lucidity in People with Mental Illness."

14. Basil Eldadah, "Exploring the Unexpected: What Can We Learn from Lucidity in Dementia?," National Institute on Aging, September 11, 2019, https://www.nia.nih.gov/research/blog/2019/09/exploring-unexpected-what-can -we-learn-lucidity-dementia.

15. René Descartes, *Discourse on Method and Meditations*, trans. Elizabeth Sanderson Haldane,

G. R. T. Ross (New York: Dover Publications, 2003), 23.

16. Scott Haig, MD, "The Brain: The Power of Hope," *Time*, January 29, 2007, http://content.time.com/time/magazine/article/0,9171,1580392-1,00 .html.

17. Jewel Perry (Paul Perry's father and WWII veteran), in discussion with Paul Perry, 1995.

18. Nahm in discussion with Perry, 2020.

19. James Fieser, "Continental Rationalism," University of Tennessee at Martin, revised June 1, 2020, https://www.utm.edu/staff/jfieser/class/110/7 -rationalism.htm, from Samuel Enoch Stumpf and James Fieser, *Philosophy: A Historical Survey with Essential Readings*, 10th ed. (New York: McGraw Hill, 2019).

20. Michael Nahm, interview by Zaron Burnett III, "Terminal Lucidity: The Researchers Attempting to Prove Your Mind Lives on Even after You Die," *Mel Magazine*, September 26, 2018, https://medium.com/mel-magazine /terminal-lucidity-the-researchers-attempting-to-prove-that-your-mind -lives-on-even-after-you-die-385ac1f93dca.

21. Basil A. Eldadah, et al., "Lucidity in Dementia: A Perspective from the NIA," *Alzheimer's & Dementia* 15 (2019): 1104–1106, https://www.science direct.com/science/

article/pii/S1552526019340804.

22. Nahm, "Terminal Lucidity in People with Mental Illness," 91.

23. Nahm, "Terminal Lucidity in People with Mental Illness," 90.

24. Nahm, "Terminal Lucidity in People with Mental Illness," 91.

25. Alexandre Jacques François Brierre de Boismont, *Hallucinations, or, The Rational History of Apparitions, Visions, Dreams, Ecstasy, Magnetism, and Somnambulism* (Philadelphia: Lindsay and Blakiston, 1853), 243.

26. Benjamin Rush, *Medial Inquiries and Observations, Upon the Diseases of the Mind* (Philadelphia: Kimber & Richardson, 1812), 257.

27. Andrew Marshal and Solomon Sawrey, *The Morbid Anatomy of the Brain in Mania and Hydrophobia: With the Pathology of These Two Diseases as Collected from the Papers of the Late Andrew Marshal* (London: Longman, Hurst, Rees, Orme & Brown, 1815), 150–51.

28. Aristotle, De Anima, trans. R. D. Hicks (New York: Cosimo Classics, 2008) 73.

29. Libre Texts, "Chapter 12: Peripheral Nervous System—12.1A: Over-view of Sensation," in *Anatomy and Physiology (Boundless)*, 362-63, updated January 17, 2023, https://

med.libretexts.org/Bookshelve/Anatomys _and_Physiology/Anatomy_and_Physiology_(Boundless)/12%3A _Peripheral_Nervous_System/12.1%3A_Sensation/12.1A%3A_Overview _of_Sensation.pdf.

30. Wilder Penfield, *The Mystery of the Mind* (Princeton, NJ: Princeton University Press, 1975), 88.
31. Paul Perry in interview with an SDEr, November 2022.
32. Raymond Moody interview with an SDEr, Afterlife Awareness Conference, Portland, OR, June 2014.
33. Peter Fenwick and Elizabeth Fenwick, *The Art of Dying: A Journey to Elsewhere* (London: Continuum, 2008), 91.
34. Peter Fenwick, "Dying: A Spiritual Experience as Shown by Near Death Experiences and Deathbed Visions," Royal College of Psychiatrists publications archive, https://www.rcpsych.ac.uk/docs/default-source /members/sigs/spirituality-spsig/spirituality-special-interest-group-publi cations-pfenwickneardeath.pdf.
35. "Julie P.'s NELE," After Death Communication Research Foundation (ADCRF),

accessed February 8, 2023, https://www.adcrf.org/julie_p_nele .htm.

36. "Julie P.'s NELE," After Death Communication Research Foundation.

37. "Julie P.'s NELE," After Death Communication Research Foundation.

38. J. C Eccles, *Facing Reality: Philosophical Adventures by a Brain Scientist* (New York: Springer-Verlag, 1970), 56.

39. Judith Matloff, "The Mystery of End-of-Life Rallies," *New York Times*, July 24, 2018, https://www.nytimes.com/2018/07/24/well/the-mystery-of-end-of-life-rallies.html.

40. Natasha A. Tassell-Matamua, PhD, and Kate Steadman, "Of Love and Light: A Case Report of End-of-Life Experiences," *Journal of Near-Death Studies* 34, no. 1 (Fall 2015), 12, https://doi.org/10.17514/jnds-2015-34-1 -p5-26.

41. Tassell-Matamua and Steadman, "Of Love and Light," 13.

42. Tassell-Matamua and Steadman, "Of Love and Light," 15–16.

43. Karlis Osis and Erlendur Haraldsson, *At the Hour of Death* (New York: Hastings House, 1995).

44. Osis and Haraldsson, *At the Hour of Death*, 40.

45. John H. Lienhard, *Engines of Our Ingenuity*, episode 2077, "Last Words," University of Houston's College of Engineering, transcript and audio, KUHO, Houston Public Radio, n.d., mp3, https://www.uh.edu/engines /epi2077.htm.

46. Francis Crick, *The Astonishing Hypothesis: The Scientific Search for the Soul* (New York: Touchstone, Simon and Schuster, July 1995), 3.

見證五：突如其來的靈感、療癒能力與新能力

1. Lawrence G. Appelbaum et al., "Synaptic Plasticity and Mental Health: Methods, Challengese and Opportunities," *Neuropsychopharmacology* 48, no. 1 (January 2023): 113–120, https://www.ncbi.nlm.nih.gov/pmc/articles /PMC9700665/.

2. Frederick Ayer, Jr., *Before the Colors Fade: A Portrait of a Soldier: George S. Patton, Jr* (New York: Houghton Mifflin, 1964), 98.

3. Ayer, Jr., *Before the Colors Fade*, 97–98.

4. Rajiv Parti, MD (consciousness-based healer, pain management specialist, heart anesthesiologist), in discussion with Raymond Moody, January 9, 2014.

5. Dr. Rajiv Parti and Paul Perry, *Dying to Wake Up* (New York: Atria, 2017), 30.
6. Parti, *Dying to Wake Up*, 55.
7. Parti, *Dying to Wake Up*, xiii.
8. Parti, *Dying to Wake Up*, xiv.
9. Parti, *Dying to Wake Up*, 58.
10. Parti, *Dying to Wake Up*, 63.
11. Parti, *Dying to Wake Up*, 163-64.
12. Frank Herbert, *Dune* (New York: Berkley Medallion Books, 1977), 31.
13. "Sanna F SDE," Near-Death Experience Research Foundation website, 5117 Sanna F SDE 9509, accessed February 9, 2023, https://www.nderf .org/Experiences/1sanna_f_sde.html.
14. "Sanna F SDE," https://www.nderf.org/Experiences/1sanna_f_sde.html.
15. "Sanna F SDE," https://www.nderf.org/Experiences/1sanna_f_sde.html.
16. Sanna Festa, email to Paul Perry, January 5, 2023.
17. Sanna Festa, email to Perry.

18. Sanna Festa, email to Perry.
19. Penny Sartori, Paul Badham, and Peter Fenwick, "A Prospectively Studied Near-Death Experience with Corroborated Out-of-Body Perceptions and Unexplained Healing," *Journal of Near-Death Science* 25, no. 2 (Winter 2006): 73, https://digital.library.unt.edu/ark:/67531/metadc799351/m2/1 /high_res_d/vol25-no2-69.pdf
20. Sartori, Badham, and Fenwick, "A Prospectively Studied," 73.
21. Sartori, Badham, and Fenwick, "A Prospectively Studied," 73.
22. Sartori, Badham, and Fenwick, "A Prospectively Studied," 69–82.
23. Penny Sartori, "Ex-Nurse Dr. Penny Sartori Studies Amazing Experiences of People Who Came Back from the Dead," interviewed by Brian McIver, *The Daily Record*, January 25, 2011, https://www.dailyrecord.co.uk/news /real-life/ex-nurse-dr-penny-sartori-studies-1093165.
24. Paul Perry in interview with an SDEr, January 21, 2023.
25. Tony Cicoria, MD (orthopedic surgeon), quote from discussion and correspondence with Raymond Moody and Paul Perry, circa 2018; Tony Cicoria and Jordan Cicoria, "Getting

Comfortable with Near-Death Experiences——My Near-Death Experience: a Telephone Call from God," *Journal of the Missouri State Medical Association* 111, n. 4 (2014): 304, https://www.ncbi.nlm.nih.gov/pmc/articles/PMC6179462/.

26. Cicoria, "My Near-Death Experience," 304.
27. Cicoria, "My Near-Death Experience," 305.
28. Cicoria, "My Near-Death Experience," 305.
29. Cicoria, discussion and correspondence with Moody and Perry.
30. Cicoria, "My Near-Death Experience," 305.
31. Cicoria, "My Near-Death Experience," 305.
32. Tony Cicoria, MD, "The Electrifying Story of The Accidental Pianist & Composer," *Missouri Medicine* 111, no. 4 (Jul–Aug 2014): 308, https:// www.ncbi.nlm.nih.gov/pmc/articles/PMC6179476/.
33. Cicoria, "The Electrifying Story of The Accidental Pianist," 308.
34. "NY Surgeon Survives Lightning Strike and Discovers a Surprising Musical Ability," *Orthopedics Today*, August 1, 2009.

35. Cicoria, "The Electrifying Story of The Accidental Pianist," 308.
36. "NY Surgeon Survives Lightning Strike," *Orthopedics Today*.
37. Oliver Sacks, *Musicophilia* (New York, NY: Alfred A. Knopf, 2008), 7.
38. Cicoria, "My Near-Death Experience," 307.
39. Cicoria, "My Near-Death Experience," 307.

見證六：光、霧與樂聲

1. A version of this story was published in Raymond Moody, MD, with Paul Perry, *Glimpses of Eternity: Sharing a Loved One's Passage from This Life to the Next* (New York: Guideposts, 2010), 5–8.
2. Carl Gustav Jung, *Memories, Dreams, Reflections* (New York: Vintage Books, 1989), 289.
3. Raymond Moody in interview with an SDEr (home care hospice nurse), circa 2010.
4. Hans Martensen-Larsen, *Ein Schimmer Durch den Vorhang* (Berlin: Furche Verlag, 1930), 26, translated by Michael Nahm (published in his German book Wenn die Dunkelheit ein Ende findet-Terminale Geistesklarheit und andere Phänomene in Todesnähe (Amerang:

Crotona Verlag, 2020) and shared with Paul Perry in correspondence, circa 2020.

5. A version of this story was published in Raymond Moody, MD, with Paul Perry, *Glimpses of Eternity: Sharing a Loved One's Passage from This Life to the Next* (New York: Guideposts, 2010), 85.

6. Raymond Moody in interview with an SDEr, circa 2009.

7. Melvin Morse and Paul Perry, *Transformed by the Light: The Powerful Effect of Near-Death Experiences on People's Lives* (New York: Villard Books, 1992), 58.

8. Morse and Perry, *Transformed by the Light*, 58.

9. Paul Perry in interview with an SDEr, 2019.

10. Catherine Johnston and Rebecca Nappi, "EndNotes: A Nurse's Tale: The Spirit Leaves the Body," *Spokesman-Review*, July 12, 2012, https:// www.spokesman.com/blogs/endnotes/2012/jul/12/nurses-tale -spirit-leaves-body/.

11. Peter Fenwick and Elizabeth Fenwick, *The Art of Dying* (New York: Bloomsbury Academic, 2008), 160–61.

12. Robert Crookall, *Out of the Body Experiences* (New York: Citadel Press Books, 1992), 153,

https://archive.org/details/robertcrookalloutofthebody experiences/page/n5/mode/2up.
13. Raymond Moody in interview with an SDEr, circa 1999.
14. Raymond Moody in interview with an SDEr, 2010.
15. Otto Meinardus, PhD (theologian), in discussion with Paul Perry, 2005.
16. John W. Edmonds, *Spiritualism*, ed. George T. Dexter (New York: Cambridge University Press, 2011), 166.
17. Jeff Olsen and Jeff O'Driscoll, "Their Shared Near-Death Experience Formed an Unbreakable Bond," *Guideposts*, accessed February 8, 2023, https://guideposts.org/angels-and-miracles/life-after-death/their-shared -near-death-experience-formed-an-unbreakable-bond/; and in interview with Perry in 1999.
18. Olsen and O'Driscoll, Guideposts.
19. Olsen and O'Driscoll, Guideposts.
20. Moody and Perry in interview with two SDErs (Jeff Olsen and Jeff O'Driscoll), 2010-present day; "The Near-Death Experience of Jeff Olsen," YouTube, interview with Anthony Chene, Anthony Chene Pro¬duction, 46:55, https://www.youtube.com/

watch?v=1FD5lReqe64; Jeff O'Driscoll, https://www.jeffodriscoll.com.

21. Raymond Moody interview with a psychologist.
22. Paul Perry interview with an SDEr, circa 2015.
23. George Ritchie (American psychiatrist and author of *Ordered to Return: My Life After Dying*), in discussions with Raymond Moody over the course of their nearly thirty-year friendship.
24. Moody Interview with an SDEr, circa 2015.
25. Barrett, *Death-Bed Visions*, 97, originally from Gurney, Myers, and Podmore, *Phantasms of the Living*, vol. 2, 639.
26. Gurney, Myers, Podmore, *Phantasms of the Living*, 98, originally from Edmund Gurney, Frederic Myers, and Frank Podmore, *Phantasms of the Living*, vol. 2 (London: Rooms of the Society for Psychical Research, 1886), 639.
27. Gurney, Myers, Podmore, *Phantasms of the Living*, 98, originally from Gurney, Myers, and Podmore, *Phantasms of the Living*, vol. 2, 641.
28. A version of this story was published in Raymond Moody, MD, with Paul Perry, *Glimpses*

of Eternity: Sharing a Loved One's Passage from This Life to the Next (New York: Guideposts, 2010), 145.

29. Gurney, Myers, and Podmore, *Phantasms of the Living*, vol. 2, 223.
30. Gurney, Myers, and Podmore, *Phantasms of the Living*, vol. 2, 203.
31. Gurney, Myers, and Podmore, *Phantasms of the Living*, vol. 2, 202–3.
32. Gurney, Myers, and Podmore, *Phantasms of the Living*, vol. 2, 203.
33. Moody in interview with an SDEr, circa 2009.
34. Peter Fenwick, Hilary Lovelace, and Sue Brayne, "Comfort for the Dying: Five Year Retrospective and One Year Prospective Studies of End of Life Experiences," *Archives of Gerontology and Geriatrics* 51, no. 2 (September– October 2010): 4 https://www.academia.edu/22946305/Comfort_for_the_dying_five_year_retrospective_and_one_year_prospective_studies_of_ end_of_life_experiences.
35. Fenwick "Comfort for the Dying," 4.

1. Raymond A. Moody, Jr, PhD, MD, "Family Reunions: Visionary Encounters with the Departed in a Modern-Day Psychomanteum," *Journal of Near-Death Studies* 11, no. 2 (December 1992): 83–121, https://digital .library.unt.edu/ark:/67531/metadc799174/m2/1/high_res_d/vol11 -no2-83.pdf.

2. Arthur Hastings, PhD, "Effects on Bereavement Using a Restricted Sensory Environment Psychomanteum," *The Journal of Transpersonal Psychology* 44, no. 1 (2012): 4, https://atpweb.org/jtparchive/trps-44-12 -01-000.pdf.

3. Hastings, "Effects on Bereavement," 7.

4. Hastings, "Effects on Bereavement," 11.

5. Hastings, "Effects on Bereavement," 7.

6. Raymond Moody interview with a psychomanteum patient, 1990.

7. Sotiris Dakaris (classical Greek archeologist), in discussion with Raymond Moody, 1989–1991.

8. Homer, *The Odyssey*, trans. W. H. D. Rouse (New York: Penguin Publishing Group, 2015), 11.38–40.

9. *The Odyssey*, 11.43.

10. *The Odyssey*, 11.204–206.

11. Erlendur Haraldsson, "Survey of Claimed Encounters with the Dead," *OMEGA - Journal of Death and Dying* 19, no. 2 (October 1989): 105, https://doi.org/10.2190/nuyd-ax5d-lp2c-nux5.

12. Salvador Dalí, 50 *Secrets of Magical Craftsmanship* (New York: Dover Publications, 1992), 33–38.

13. Bret Stetka, "Spark Creativity with Thomas Edison's Napping Technique," *Scientific American*, December 9, 2021, https://www.scientificamerican.com /article/thomas-edisons-naps-inspire-a-way-to-spark-your-own-creativity/.

14. Moody in interview with psychomanteum patient, circa 1990.

15. Moody in interview with psychomanteum patient, circa 1991.

16. Moody in interview with psychomanteum patient, circa 1990.

17. Moody in interview with psychomanteum patient, circa 1994.

18. Moody in interview with psychomanteum patient, circa 1992.

19. Moody, "Family Reunions," 110.
20. Moody, "Family Reunions," 110.
21. A version of this story was published in Moody, "Family Reunions," 111–113.
22. Raymond Moody and Paul Perry, *Reunions* (New York: Random House Publishing, 1994), 96.
23. Raymond Moody and Paul Perry in interview with psychomanteum patient, circa 1991; Moody, Perry, *Reunions*, 96–97; a version of this story was published in Moody, "Family Reunions," 110–112.
24. Raymond Moody interview with a psychomanteum patient, circa 1991.
25. Raymond Mood interview with a psychomanteum patient, circa 1990.
26. Raymond Moody , "Family Reunions," 111.
27. *The Oprah Winfrey Show*, season 8, episode 208, "Communicating with the Dead," aired October 18, 1993, syndicated.
28. Joan Rivers (comedian, actress, and producer), in discussion with Raymond Moody, 1992.
29. Moody, Perry, *Reunions*, 90.

30. Moody, Perry, *Reunions*, 90.
31. Moody, Perry, *Reunions*, 95.
32. Moody, Perry, *Reunions*, 96.
33. Moody, Perry, *Reunions*, 97.
34. Moody, Perry, *Reunions*, 98.
35. Moody interview with a psychomanteum patient, 2011; Paul Perry (dir.), *The Light Beyond: A Talkumentary with Raymond Moody, MD, on Life, Death and the Pursuit of the Afterlife*, starring Raymond Moody, Beyond Words Publishing, December 6, 2016, DVD and VOD, 1 hour 20 minutes, story told 1:08–1:10.
36. Black Swan, "About," Hasso Plattner Institut, accessed December 29, 2022, http://blackswanevents.org/?page_id=26.
37. Nassim Nicholas Taleb, *Fooled by Randomness: The Hidden Role of Chance in Life and in the Markets*, 2nd ed. (New York: Random House, 2005), 117.

結語

1. Plato, "Phaedo," in *The Collected Dialogues of Plato*, eds. Edith Hamilton and Huntington Cairns (Princeton, NJ: Princeton University Press, 1961), 95.
2. David Hume, *Dialogues and Natural History of Religion* (New York: Oxford University Press, 2009).
3. A. J. Ayer, "What I Saw When I was Dead," *The Sunday Telegraph*, August 28, 1988, reprinted in Dr. Peter Sjöstedt-Hughes, "Philosopher of Mind and Metaphysics," accessed December 22, 2022, http://www.philosopher.eu/others-writings/a-j-ayer-what-i-saw-when-i-was-dead/.

附錄一：常見問題與回答

1. Felix Salten, Bambi (Los Angeles: RKO Radio Pictures, 1942), filmscript on Scritps.com, accessed March 23, 2023, https://www.scripts.com/script/bambi_3526#google_vignette.
2. W. K. C. Guthrie, *A History of Greek Philosophy: Volume One: The Earlier Presocratic and the Pythagoreans, Revised Edition* (Cambridge, UK: Cambridge University Press, 1979).

3. Pim van Lommel, MD, *The Science of the Near-Death Experience* (Columbia: University of Missouri Press, 2017), 45–47.

高寶書版集團
gobooks.com.tw

AM 004
當靈魂離開身體：踏上跨維度生命旅程，相信死後世界的 7 個見證
Proof of Life after Life: 7 Reasons to Believe There Is an Afterlife

作　　者　雷蒙・A・穆迪博士（Raymond A. Moody M.D.）、保羅・佩里（Paul Perry）
譯　　者　何佳芬
主　　編　吳珮旻
編　　輯　鄭淇丰
封面設計　林政嘉
內頁排版　賴姵均
企　　劃　陳玟璇
版　　權　劉昱昕

發 行 人　朱凱蕾
出　　版　英屬維京群島商高寶國際有限公司台灣分公司
　　　　　Global Group Holdings, Ltd.
地　　址　台北市內湖區洲子街 88 號 3 樓
網　　址　gobooks.com.tw
電　　話　（02）27992788
電　　郵　readers@gobooks.com.tw（讀者服務部）
傳　　真　出版部（02）27990909　行銷部（02）27993088
郵政劃撥　19394552
戶　　名　英屬維京群島商高寶國際有限公司台灣分公司
發　　行　英屬維京群島商高寶國際有限公司台灣分公司
法律顧問　永然聯合法律事務所
初版日期　2024 年 11 月

國家圖書館出版品預行編目（CIP）資料

當靈魂離開身體：踏上跨維度生命旅程，相信死後世界的 7 個見證 / 雷蒙・A・穆迪博士（Raymond A. Moody M.D.），保羅．佩里 (Paul Perry) 著；何佳芬譯．-- 初版．-- 臺北市：英屬維京群島商高寶國際有限公司臺灣分公司，2024.11
　面；　公分

譯自：Proof of life after life : 7 reasons to believe there is an afterlife.

ISBN 978-626-402-128-9(平裝)

1.CST: 通靈術　2.CST: 死亡

296　　113016887

GOBOOKS
& SITAK
GROUP